Ryoji Momose　Masumi Kameda　Shinichi...
百瀬亮司　亀田真澄　山崎...

YUGOSLAVIA NOSTALGIA
ユーゴスラヴィア
アイラブ
I♥YUGO
ユーゴ
男の子編

はじめに

　ヨーロッパの南東、バルカン半島西部に、かつてユーゴスラヴィアという国があった。東西ローマ帝国の境界、キリスト教世界とイスラム教世界の境界、西側世界と東側世界の境界という、歴史的に「間の領域」に位置し、多様な言語や文化、宗教を内に抱えることになった国。「あなたの想像を超える国」であると、ユーゴスラヴィア観光局は豪語していた。

　ユーゴスラヴィアに関してはさまざまに語られるが、ここでは「世界の希望を体現しようとした国」と表現してみたいと思う。このように評するには二つの理由がある。一つは、この国が冷戦体制の中どちらの陣営にも与せず、非同盟諸国とともに独自の道を歩んでいたこと。そしてもう一つは、第二次世界大戦における悲惨な民族間の内戦の記憶を抱えながら、諸民族の「友愛と統一」を訴え対立を乗り越えて一つの国家を形成し、繁栄を謳歌したことである。大げさにいえば、ユーゴスラヴィアというバルカンの小国（と言うほど小さくはなかったけれど）が「世界の希望の星」と考えられた時代があったのだ。

　このようなユーゴスラヴィア像に対して、われわれ後世の人間が「そんなものは幻想にすぎなかった」と断じるのは簡単である。なぜなら、われわれは物語のオチを知っているのだから。たしかに、ユーゴスラヴィアはソ連やチェコスロヴァキアのような他の社会主義連邦国家と同じように解体し、さらに酷いことに、またもや内戦の災禍にさいなまれることになってしまった。結果だけ見れば、国は崩壊し、おびただしい犠牲者を出し、多くの人が難民となった。当時の指導者たちがことごとく失敗したのだと言われても仕方ないかもしれない。しかし、ユーゴスラヴィアの指導者たちが、冷戦体制という過酷な国際環境の中で、複雑な民族関係をコントロールし国家を運営すべく、大いに知恵を絞ったこともまた確かなのだ。大事なのは、ユーゴスラヴィアがいまだ存在していた、その同時代の文脈の中に身を置こうとすることであるはずだ。

　同時代の文脈に触れていると、ユーゴスラヴィアでも普通の人びとが普通の生活を送っていたという、しごく当たり前のことに改めて気づかされる。「想像を超えた国」「世界の希望の星だった国」「内戦の悲劇にさいなまれた国」。さまざまな形容をしてみても、実はそこに暮らしていた人びとは現代のわれわれとさほど変わらなかったのだ。われわれがするように、仕事や勉強にいそしみ、余暇を楽しみ、時には職場や学校の文句を言いながら家族や仲間との時間を大切にする。本書は、そのようなユーゴスラヴィアの普通の人びとの普通の生活を、ほんのわずかではあるが垣間見ようとする試みである。ほんのわずかであるにもかかわらず、170ページを越えてしまった。

　戦争やら政治やら、少しばかりお堅いテーマを取り上げた第1巻とは多少趣が異なり、第2巻ではおもに人びとの日常の生活、中でも「車」や「スポーツ」といった「男の子ウケ」しそうな話題を扱っている。より共産趣味者仕様となっており、『アイラブユーゴ』に通底するユーゴノスタルジーを、第2巻では第1巻以上に肌で感じてもらえるのではないだろうか。

たとえば「スポーツ」の各項目では、競技者の民族的アイデンティティをあえて前面に押し出している。中には民族的ステレオタイプを感じ、眉をひそめる同志諸君もいるかもしれないが、ステレオタイプもひっくるめて受け入れる懐の深さや、差別に陥るギリギリのところで、それをユーモアに昇華する危うさがユーゴスラヴィアの多民族社会にはあったのだ。そして、実はそうした危ういものを含む雑多なエネルギーが、社会の重要な推進力でもあったようにも感じられる。その辺りの機微も含め、往時の空気を感じていただければと思う。

　本巻はその内容から「男の子編」と銘打ってはいる。しかしかく言う私自身は、子供時代、車にも電車にもスポーツにも一切興味を示さない男の子だった。一方で、鉄道やスポーツに情熱を捧げる向きは老若男女問わずいるであろう。本書の各項目は、そうした人々すべてに満足してもらえると自負している。

　第1巻同様、どこから読み始めていただいても構わない。ユーゴスラヴィアの人びとのエネルギーは、いたるところにあふれている。

著者を代表して　百瀬亮司

凡例

- （ユ）本書で「ユーゴスラヴィア」（またその略称として「ユーゴ」）とは、基本的に、第二次世界大戦後に成立した社会主義国家の意味で用いた。
- （一）本文中の語句には適宜、原語の表記を「( )」で記した。その際、ユーゴスラヴィアで用いられた複数の言語ではなく、原則として、当時の実質的な「共通語」であったセルビア・クロアチア語で記すのに留めた。なお、そのなかでも地域によって語彙が異なったり、あるいは他の言語でも記す必要がある場合には、「/」で複数の表記を併記している。
- （ゴ）上記に関して、原語ではセルビア・クロアチア語のキリル文字で表記されるものも、便宜上、基本的にはラテン文字に置き換えて記載した。

目次

- **002** はじめに
- **004** 目次

006 ★経済・産業

- **006** 労働者自主管理の歩み――労働者のための分権化がもたらした光と影
- **010** 最高額だったティトーのお札もインフレで無価値に――社会主義ユーゴを彩ったお金
- **014** 「ユーゴ○△□」――「自給自足(はにゃちら)」的な産業と企業
- **018** 重工業――ユーゴスラヴィア全体としての成長が最優先
- **020** 東欧分業体制から締め出され、西側企業と協力―社会主義ユーゴスラヴィアの自動車産業
- **024** 鉱業――連邦を支え、連邦を解体したユーゴスラヴィアを代表する産業
- **026** 観光――西側の観光客もひきつけた自然と文化
- **030** アドリア海から世界の大海原へ――海洋国家ユーゴの海運と世界第4位にもなった造船
- **034** 自動車メーカー「ザスタヴァ」社製のカラシニコフ銃がイラクなど非同盟諸国に広まる
- **036** 原子力①――核兵器は計画したとしても、もたず、つくらず、もちこませることは考えず
- **038** 原子力②――アメリカはウェスティングハウス・エレクトリック社製のクルシュコ原発
- **040** 原子力③――ユーゴスラヴィアにおける「チェルノブイリ」とその余波
- **042** 個人経営――社会主義体制における私的な(サイド)ビジネス
- **044** 「SS」――自主管理ゆえに、存在感薄がたまにきずな労組組織

048 ★インフラ

- **048** 高速道路――国土建設奉仕事業の一環
- **050** 「青年鉄道」――子供達にただ働きさせて作らせた
- **052** 「社会主義的」ニュータウン建設――張り切り過ぎる若者、たまに困惑気味のティトー
- **056** 「社会主義団地」――住宅や共産主義者の「夢」の跡
- **074** ノヴァ・ゴリツァ――イタリアとスロヴェニアの国境に分断された街
- **076** ホテル・ユーゴスラヴィア――世界のVIPも宿泊したかつての最高級ホテル
- **078** 「ジェルダップ」――ティトーとチャウシェスクの「共作」による水力発電ダム
- **080** 地下鉄計画――初期段階も達成できずに潰えた計画倒れの一大事業
- **082** スコピエ地震――破壊された街の再建を担った丹下健三らの都市計画とその「遺産」

088 ★乗りもの

- **088** ユーゴ45――アメリカにも輸出された社会主義ユーゴスラヴィアの「国民車」
- **092** ナンバープレート――知られざる国家のシンボル
- **094** 人力共産主義車「ポニー」――懐かしまれ、乗り継がれる小径の自転車
- **096** チンチン電車――クロアチアの国産車両に割って入るチェコスロヴァキア車両「タトラ」
- **102** バス―英国はレイランドから、国内最大の「TAM」、そしてユーゴの「イカルス」まで

- 106 　トロリーバス──風前の灯火から一転、オイルショックを機に見事復活！
- 108 　かつては1つの「ユーゴスラヴィア鉄道」、現在は8つの鉄道会社
- 110 　最大の鉄道敷設事業「ベオグラード〜バール線」
- 114 　狭軌鉄道の引退、そして復活の「シャルガン・エイト」
- 116 　航空会社「ヤットJAT」──その三文字とともに大空を翔けた三色の航空機

126 　★スポーツ

- 126 　ユーゴスラヴィアのスポーツ──国家を支える根幹の一つ
- 128 　サッカー──ユーゴのナショナル・スポーツから各共和国のナショナル・スポーツへ
- 132 　ピクシーとオシム──日本にゆかりの深いユーゴスラヴィア・サッカー最高の選手と監督
- 134 　バスケットボール──国際的にも活躍するユーゴスラヴィア出身選手たち
- 138 　ビッグフォー──ユーゴスラヴィア・サッカーを代表する四強
- 142 　サポーター文化──フーリガニズムが民族主義に
- 146 　「東欧」における最初で最後のオリンピック──モスクワとロサンゼルスのはざまで
- 150 　オリンピックにおけるユーゴスラヴィア代表のメダル獲得総まとめ
- 154 　水球──サッカー、バスケをもしのぐ国際的名声
- 156 　スキー──スロヴェニア人のナショナル・スポーツ
- 158 　射撃──社会主義時代は女性が活躍
- 159 　体操──王国時代から続くスロヴェニア人の系譜
- 160 　ボクシング──コソヴォやマケドニアなど南部出身選手が活躍
- 164 　レスリング──席巻するは「アレクサンダーの末裔たち」か？
- 166 　柔道──意外に広い裾野から生まれた「ユーゴスラヴィア人柔道家」
- 168 　チェス──世界的名手が率いる盤上の「スポーツ」
- 170 　世界中で大活躍！──ユーゴスラヴィア移民のスポーツ選手

- 172 　あとがき
- 174 　社会主義ユーゴスラヴィア関連略年表

水陸両用プロペラ複葉機「フィジル FN 9002」。1956年製造。（ザグレブの技術博物館、鈴木撮影、2014年）

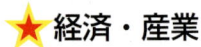
経済・産業

労働者自主管理の歩み——労働者のための分権化がもたらした光と影

　ソ連と袂を分かって以来、社会主義ユーゴスラヴィアの根幹をなすシステムとして導入された自主管理（samoupravljanje）。マルクス主義の諸理論に立ち返り、社会主義とはなんぞやについて再検討して導き出されたそれは、政治的には、連邦における共和国、また各自治体（「コミューン」「地域共同体」）への分権化を推進した。だが、「労働者自主管理」という言葉が示すように、この制度はそもそも、経済関係における労働者の直接的な参加と意思決定の確立をめざすことを出発点とし、労働者を主役として経済から、政治、行政、社会までの諸関係を総体として設計していく一大国家プロジェクトであった。

　第二次大戦直後のソ連にならった国有・国営の計画経済体制から、自主管理経済への転換の第一歩となったのが、1950年6月のいわゆる「労働者自主管理法」の制定。またこれを包括的に明文化した1953年憲法である。「工場を労働者へ」のスローガンのもと、企業には、労働者自らが決定と運営を行う「労働者評議会（radnički savet/savjet）」が設立される一方、企業の活動は国家の集権的な計画・管理の手を離れて、市場メカニズムが取り入れられるとともに、国有から「社会的所有（社会有）」への生産手段の転換が唱えられた。とはいえ、1950年代までは経済活動に占める国家の統制の比重は大きく、自主管理の体制が本格的に進展を見せるのは60年代以降のこと。とくに1963年憲法や65年の経済改革などを経て、多くの権限が国家から企業に移されて後者の自立性が強まり、また労働者が決定に関与できる範囲も拡大したことは、企業における自主管理の発展を促した。他方、65年の改革が進めた多方面の市場化は、不況や失業の増大、個人・企業・地域間の不平等をもたらすと同時に、自立的な企業の競争関係における企業経営の重要性を高め、実質的に経営に携わるテクノクラート層の企業や社会での役割と権限を強めた。

ゼニツァ（Zenica）（ボスニア・ヘルツェゴヴィナ）の製鉄所の労働者（1970年代初頭）。(*Review: Yugoslav Monthly Magazine*, 1971年5月号, 15)

　となると、「あれ……、それって資〇主義じゃ……」という突っ込みも出てきてしまうが、そうした懸念や非難に対応したのが、1974年憲法や1976年の「連合労働法」である。端的に言えば、その方策は、市場の「荒波」とテクノクラートの「支配」に対して、職場における労働者の権力を徹底化し、自主管理を

労働者の集会の様子、ベオグラード近郊ラコヴィツァ（Rakovica）の冷蔵機器工場（1970年代）。(*Review: Yugoslav Monthly Magazine,* 1977年6月号, 13)

より小さな単位で直接的に行うこと。社会主義社会で構想されるべき、自由な生産者（労働者）が連合して行う労働という意味での「連合労働」（いわば「協働」）たる基本概念が唱えられ、この考え方に基づいて、企業の組織と労働単位が見直された。技術的にひとつのまとまりをもつ労働の最小単位として、連合労働基礎組織（osnovna organizacija udruženog rada、略称 OOUR）が設けられ、これが自主管理を実践する基本単位となって、労働者評議会も各 OOUR に置かれる。各種企業は、いわばそれぞれの部門、部署に相当する OOUR を基層に再編・改組され、末端の OOUR からその連合体である企業、さらに企業連合と、自主管理を下から順に積んでいく複雑な体制が編み出された。加えて74年憲法下では、1960年代の結果を反省し、市場に加えて、「協議経済」と呼ばれる、すべての経済主体が協議と合意に基づいて下から順に活動の計画化を積み重ねていく方式が取られた。

しかし結果として、自主管理の「連合労働」体制は、経済組織の細分化を通じて、かえって中間管理職の権力を強化し、労働者と企業トップとの関係を疎遠にする一方、テクノクラート層が持つ実際の権限や影響力は変わらず残った。また自主管理の理念とイデオロギーに固執する反面、全体としての統合性を欠き、企業組織内の迅速な意思決定が阻害されて非効率化を招くなど、経済的な合理性も十分でなかった。不運だったのは、自主管理制度の再編が進んだこの1970年代、世界経済では石油危機に伴うその再編のなかで、徹底した合理化や効率性が求められ始めたこと。こうして世界の潮流に奇しくも逆行してしまったユーゴスラヴィアの経済制度は、その「弱点」への対応がままならないまま、80年代には長期の、そして国家解体まで誘発した経済危機の時代を迎えることになる。

ところで、ある経済学者によれば、ユーゴスラヴィアの自主管理制度においては、企業の経営機能として通常考えられるものが、意思形成・決定および管理・実行の2つの機能に分離されるという。前者を担うのが労働者集団ないし労働者評議会であり、後者に

初期の労働者評議会の様子（*Review*, 1970年12月号, 16）

対応するのが企業の長をはじめとする専門的な経営陣であった。労働者の「自主」的な「管理」を謳った自主管理であるが、企業を現実的に「管理」する人員として、後者のような専門的な知識を備えて経営の実務を担当する人々が存在しており、その多くが先述のテクノクラート層である。もちろん労働者評議会は意思決定を司り、これら経営実務の面々の任命・解任権をもっていた。だが1960年代以降、実態として、労働者評議会などに代表される労働者の意思決定の影響力は名目化し、経営陣が経営全般の実質的な権力を行使して台頭する傾向が見られた。

そして、経営テクノクラート層のなかには、政治的にも経済的にも極度に細分化された社会のそれぞれで、分権化を逆手にとって、当地の「ボス」として絶大な影響力を及ぼす者も現れた。ここに、複雑故に形骸化する自主管理制度の負の側面、また前近代的な、血縁・地縁を介した縁故主義、パトロン・クライアント関係などが重なって、「ボス」をトップとする社会関係が築かれ、汚職や腐敗の温床が生み出されたりもする。こうした種々の問題は、経済成長とともに経済が好転しているときは、さして明るみにならなかったが、1980年代の経済危機を通じて、自主管理経済に大きな影が差したとき、一気に表面化した。その先駆けとなり、国内を揺るがす最大のスキャンダルとなったのが、1987年に発覚した、ボスニア・ヘルツェゴヴィナ西北端の小さな町ヴェリカ・クラドゥシャ（Velika Kladuša）の農産物加工企業「アグロコメルツ（Agrokomerc）」社における恒常的な不正経理である。これを機にメディアでは様々な汚職や職権濫用が取り沙汰され、それまで国家の体制を支えてきた自主管理の制度とその案内役である党の正統性は大きな傷を負う

AGROKOMERC
77230 VELIKA KLADUŠA
TELEX 45848
TEL. 077/775-533

POSLIJE DOBROG JELA
MOŽEMO OPROSTITI SVIMA,
ČAK I SVOJIM ROĐACIMA.

A GOOD MEAL MEANS A GOOD MOOD —
WE CAN FORGIVE ANYONE ANYTHING,
EVEN OUR NEAREST AND DEAREST!

アグロコメルツ社の広告（1986年）。不正経理が発覚し、一大不祥事に至るのはこの翌年のこと。
(*JAT Review*, 35 (1986), 29)

ことになった。

　自主管理に基づく経済制度は、経済危機に瀕した「最期」の時代だけを見ても、その理念とは裏腹に、多くの矛盾が浮き彫りになった。今では自主管理の「自」の字も聞かれなくなって久しいが、社会主義の理想を不器用なまでに追及したこの体制が、ユーゴスラヴィアの労働者を結びつけ、彼／彼女らの主体的な参加と活力を各企業にもたらし、戦後の工業化と経済成長を支えたことは、ある時代の一幕としてどこかに記憶されてしかるべきだろう。（鈴木健太）

ティトーの肖像の入った1985年の5,000ディナール札

最高額だったティトーのお札もインフレで無価値に——社会主義ユーゴを彩ったお金

　紙幣や硬貨というのは、いろいろな意味で国家を象徴するものである。とりわけ、お札に刷られた肖像画は、国を象徴する人物が誰であるのかを如実に示しているし、ユーロのように複数の国がお札を共有する際には、そのデザインには細心の注意が払われる。ユーロ紙幣には、人物の肖像画は一切描かれておらず、代わりにどこにも実在しない架空の「橋」がデザインされている。多民族国家ユーゴスラヴィアにおいても、政治的な問題を引き起こさないよう、紙幣のデザインに注意が払われてきた。

　社会主義ユーゴスラヴィアの紙幣も、他の国と同様、何度かのデザイン改訂を経ている。時代を下るにしたがって、紙質も良くなり、よりカラフルになってゆくが、社会主義期を通して非常に大きな特徴となっているのは、実在の人物の肖像画がほとんど用いられず、普通のひとびとの肖像や、芸術作品が数多く用いられていることである。例えば、1960年代半ばに発行が始まった紙幣のシリーズは、5ディナール＝鎌を持った女性農民、10ディナール＝炭鉱の労働者（労働英雄アリヤ・シロタノヴィチと思われていた人物）、20ディナール＝港に停泊する大型船、50ディナール＝二人の人物のレリーフ（イヴァン・メシュトロヴィチの彫刻作品）、100ディナール＝「平和」と名付けられた騎馬像（ユーゴスラヴィアから国連に寄贈され国連本部前に設置された）、500ディナール＝ニコラ・テスラの彫刻、1,000ディナール＝スカーフをまとった女性農民といった具合である。多民族国家の中で、対立を呼ぶことのない人物を選ぶのはなかなか困難であっただろうことは想像に難くない。ニコラ・テスラは、現クロアチア出身のセルビア人物理学者。アメリカに移民してのち世界的な名声を得るに至った人物で、ユーゴスラヴィア人意識を強く持っていたことから採用に至ったのだろう。

　もう一つ、ユーゴスラヴィアの紙幣や硬貨で目につくのは、国立銀行の名、国名、そし

1970年代から80年代前半に主に使われた紙幣。
共通のデザインが採用されている。

て額面が多言語で表記されていることである。用いられているのは、セルビア・クロアチア語（ラテン文字＝実質的なクロアチア語）、セルビア・クロアチア語（キリル文字＝実質的なセルビア語）、スロヴェニア語、マケドニア語の4つの表記であるが、表記が全く同一になる場合には、あえて繰り返すことをせず、銀行名と国名は3つの表記が並立する形になっている。ただ、これは何もユーゴスラヴィアだけに特徴的なのではなく、ソ連やかつてのハプスブルク帝国の場合、遙かに多くの言語で書かれてもいる。ただ、ソ連の場合はロシア語、ハプスブルクの場合はドイツ語とハンガリー語がメインで、他の小言語は申し訳程度の小さな文字で書かれているのに過ぎないので、各言語を平等に扱っているのは、ユーゴスラヴィアらしいのかもしれない（他にはスイスやかつてのベルギーなど）。

ユーゴスラヴィア解体後の 1993 年に、ユーゴスラヴィア連邦共和国（セルビアとモンテネグロで構成）で発行された 5 千億ディナール札

　社会主義国の紙幣といえば、「建国の父」が紙幣のデザインに用いられているケースが多い。ソ連におけるレーニン、中国における毛沢東は、紙幣の中でも大きな存在感を示していた。ユーゴスラヴィアの建国の父、ティトーもまた、その死後の 1985 年に、その当時の最高額紙幣 5,000 ディナール札に登場した。満を持しての登場だったはずなのだが、1980 年代後半のインフレの波の中、どんどん価値が下がり、すでに 2 年後の 1987 年には、炭鉱労働者（「本物」のアリヤ・シロタノヴィチ）をデザインした 2 万ディナール札、1988 年には若い女性をデザインした 5 万ディナール札、1989 年前半には少女をデザインした 10 万ディナール札、同年後半にはスカーフをまとった女性農民の 100 万ディナール札といった具合で、登場から 5 年もたたずして、少女より価値の低い、ほとんど紙くずのような存在になってしまった。そのまま社会主義体制が続いていれば、デノミを経てティトーのお札再登場の芽もあったかもしれないが、体制転換とユーゴスラヴィア解体過程の過程で、各国それぞれに独自の紙幣を出すようになる中、ティトーはもはやお札にふさわしい人物ではあり得なかった。

　なお、ユーゴスラヴィア解体後にセルビアとモンテネグロにより結成されたユーゴスラヴィア連邦共和国では、紛争に関連する国連経済制裁の影響もあり、記録的なハイパーインフレに見舞われ、1993 年には 5 千億ディナール札（5 の後にゼロが 11 個）が発行されるに至っている。20 世紀の「高額紙幣」の最高記録だとか。（山崎信一）

硬貨も多言語表記——20ディナール硬貨　　　　ディナールの下の単位である50パラの硬貨

ティトーの肖像の入った1968年発行の記念硬貨　　　サラエヴォ冬季五輪の記念硬貨

1980年代後半のインフレ期の紙幣。
20,000ディナール札（1987年）、50,000ディナール札（1988年）、100万ディナール札（1989年）

車両製造等を主とする「ジューロ・ジャコヴィチ」社の広告。(*Revija: jugoslovenski ilustrovani časopis*, 1966年9月号, 12)

「ユーゴ○△□」──「自給自足」的な産業と企業

　自主管理という世界史的にあまり類を見ない経済、そして政治・社会の体制を敷いた社会主義ユーゴスラヴィア。資本家でも国家でもなく、労働者が労働と生産、またその成果を管理する（ことを目指した）、このなかなかに個性的な経済体制は、当時から国際的に一目置かれ、日本でも経済学者や左派知識人を惹きつけたものである。しかし、特徴的な制度の存在感とは裏腹に、国の経済は、産業構造や主要企業を見てみると、あまり際立っ

「Jugometal（ユーゴ金属）」社の広告（*Review*, 1964年2月号, 裏表紙）

た特色がないという地味な特色をもつ。

　農村人口が大半を占めた戦前は典型的な農業国であったが、戦後、共産党政権のもとに重点的に工業化が進められた。社会総生産に占める製造業の比重は、農業を凌いで大きく拡大し、1980年代には比較的工業の発達した「中進国」と呼ばれるまでになった（第三次産業の発達は立ち遅れた）。1979年のOECD報告書で命名された「新興工業国（NICs）」（現在の「NIEs」の旧称）の10か国には、スペイン、韓国、シンガポール等と並んでユーゴスラヴィアの名もちゃんとある。ただ、農業も工業もそれなりの水準にあるが、どれもみな「平均点」というか、突出した産業に欠ける。しいて挙げれば、アドリア海の観光業や造船業、比較的富かな鉱物資源と労働者階級の象徴的存在であった鉱山

総合貿易の「Jugoexport（ユーゴエクスポート）」社の広告

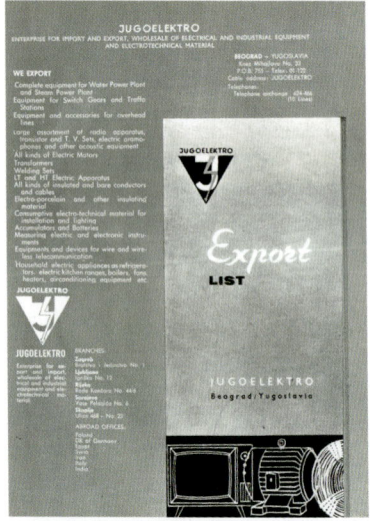

「Jugoelektro（ユーゴ電気）」社の広告。
(*Review*, 1964 年特別号, Autumn, 43)

労働者に支えられた非鉄金属工業といったところ。ここには、ソ連・東欧諸国と決別（喧嘩別れ）し、独自の制度を叩き上げ（ざるを得ず）、なんでも自前でつくってきた「俺流」ゆえの事情が影響している。

そんなわけで、「自給自足」的な傾向は国際市場への参加を鈍らせ、国際競争に耐え得る「強い」産業もあまり出てこなかった。ユーゴスラヴィア企業（ちなみに、自主管理では 1974 年憲法から 80 年代終盤まで企業の概念が否定されたので、厳密には「企業」ではなく「労働組織（radna organizacija、略称 RO）」という）の国際的な立ち位置を見ても、欧米に小型車を輸出した自動車の「ザスタヴァ（Zastava）」（セルビア）、家電メーカーの「ゴレニェ（Gorenje）」（スロヴェニア）、海運業の「ユーゴリニヤ（Jugolinija）」（クロアチア）など、世界でそこそこ名の知れた企業もあったが、基本的には「小粒」（まあ、東欧やバルカンから世界企業が出てくるということ自体あり得ないかもしれないが）。例外的に、当時から（今日でも）国際的に「頑張っている」のは、スキーやスノボなどのスポーツ用品メーカー、「エラン（Elan）」（スロヴェニア）くらいだろうか。

そして特徴的なのは企業の名称。ユーゴスラヴィアの時代を端的に表すというか、そのまんま国名「ユーゴスラヴィア」を入れたり（例：「ホテル・ユーゴスラヴィア（Hotel Jugoslavija）」）、当時の社会主義で重宝された語彙が使われたり（例：「統一（Jedinstvo）」（セルビア、総合建設）、「5 月 1 日（Prvomajska）」

機械製造などの「Bratstvo（友愛）」社の広告。(*Review*, 1968年1月号, 10)

（クロアチア、工具機械製造））、「人民英雄」の名前をそのまま付けたりした（例：「イヴォ・ローラ・リバル（Ivo Lola Ribar）」（セルビア、総合製造）、「ジューロ・ジャコヴィチ（Đuro Đaković）」（クロアチア、総合製造））。また、先にあげたユーゴリニヤのように、「ユーゴスラヴィア Jugoslavija」を示す接頭辞「Jugo-」と関連する語を組み合わせた「ユーゴ○△□」の形もけっこう多い。大手銀行のひとつ「Jugobanka（ユーゴ銀行）」、総合貿易の「Jugoexport（ユーゴエクスポート）」、武器貿易の「Jugoimport（ユーゴインポート）」石油企業の「Jugopetrol（ユーゴ石油）」（以上、セルビア）、総合服飾の「Jugoplastika（ユーゴプラスチック）」（クロアチア）などの「大手」をはじめ、レコード会社「Jugoton（ユーゴトーン）」（クロアチア）、木材・家具の「Jugodrvo（ユーゴ木材）」、農業機械製造の「Jugometal（ユーゴ金属）」（以上、セルビア）、部品工具製造の「Jugoalat（ユーゴ工具）」（ヴォイヴォディナ）などなど、大中小様々な企業が存在した。こうした「ユーゴ」の入った社名は、1990年代初頭の国家解体を経て、「ユーゴトーン」→「クロアチア・レコード（Croatia Records）」というように節操なく変わって（あるいは企業自体が存続できずに）消滅していったものもある。だが、時代の変化もなんのその、変更自体が面倒なのか、「ジューロ・ジャコヴィチ」や「ユーゴ木材」のように現在も同じ暖簾を掲げる企業は意外に多く、社名ひとつにもかつての「残存」を感じることができる（なお、括弧で示した共和国／自治州名は各企業の本社所在地による）。（鈴木健太）

鉄鋼業の発展に伴い、ボスニアのゼニツァに開設された冶金学研究所。(*Review*, 1967年3月号, 33)

重工業――ユーゴスラヴィア全体としての成長が最優先

　社会主義ユーゴスラヴィアは第二次世界大戦の戦場の中で生まれた国家であり、そのために戦争後の社会再建と経済再建は急務の課題となっていた。その際に、成長モデルの一つとして掲げられたのが、重工業の発展であった。

　ソ連同様に、ユーゴスラヴィアにおいても五カ年計画が策定された。その第一弾は、戦後間もない1947年から1951年である。そもそも国土が戦場になったことから、工業インフラすらない時代、まずはシャマツ（Šamac）～サラエヴォ間の鉄道建設が実行された。この敷設工事にかかわったのは、ユーゴスラヴィア各地から集まったのべ20万人を超える若者たちである。ベオグラードとザグレブは高速道路「友愛と統一」で結ばれ、若き愛国者・共産主義者の象徴であるイヴォ・ローラ・リバルの名を冠した工作機械製造工場が設立された。セルビア中南部のクルシェヴァツに居を構えていた自動車部品や自動車整備を扱っていたIMK社が、「チェトルナエスティ・オクトーバル（14. oktobar）」社と名前を改め、トラクターをはじめとした建設用・鉱山用・農業用重機を生産し始めたのもこの時代だ。「チェトルナエスティ・オクトーバル」は「10月14日」を意味し、この日はクルシェヴァツがナチス支配から解放された記念日であった。ユーゴスラヴィアのほかの分野と同様に、重工業の発展も人民解放戦争のイメージと密接に関連付けられて

いった。

　インフラ整備が進むと、ボスニアやコソヴォを中心として豊富に産出された鉄鋼原料や非鉄金属がユーゴスラヴィア全域に行きわたるようになった。ユーゴスラヴィアでは鉄、亜鉛、鉛、銅などの埋蔵が確認されており、ボスニアで産出された石炭は、火力発電や鉄鋼業の燃料として活用された。この結果、工業生産力は飛躍的に成長した。

　1953年から1956年にかけては、軽工業、農業、交通、建築といった、より生活に近い分野に成長が見られた。スロヴェニアの家電メーカーの「ゴレニェ」、セルビアの自動車メーカー「ザスタヴァ」、食器メーカー「メタラッツ（Metalac）」といった企業が、1950年代の後半から、その活動をユーゴスラヴィア全域に広げていった。第二次五カ年計画の時代である1957年から1961年は、工業成長率が年平均で14%に達し、世界でもトップクラスの成長を見せていた。

　ユーゴスラヴィアの工業においては、各企業で、何を生産し、それをいくらで販売するか、価格設定することもできたとされているが、国家や地域の方針に反対する決定はやはり困難であった。ボスニアに工場を移転したセルビアの「イカルス（Ikarus）」社は、飛行機の製造を行っていたが、同じくボスニア国内の軍需産業との関係を「考慮し」、飛行機の製造からバスの製造へと切り替えた。そこでは常に社会としての、あるいはユーゴスラヴィア全体としての成長が最優先とされていた。

　ユーゴスラヴィアの解体にあたって、一つの争点となったのは、経済利権の対立であった。ユーゴスラヴィアとしての経済成長に疑念が生じたとき、解体の序曲も奏でられ始めたのかもしれない。

　　　　　（百瀬亮司）

「チェトルナエスティ・オクトーバル」社の広告。（Review, 1962年11-12月号, 12）

ザスタヴァ社の広告。「フィーチャ」の姿も見える。(*Ilustrovana politika,* 1967 年 4 月 18 日号 , 裏表紙)

東欧分業体制から締め出され、西側企業と協力―社会主義ユーゴスラヴィアの自動車産業

　社会主義ユーゴスラヴィアは、それなりに発展した自動車産業を有していた。さすがに「自動車大国」と呼べるほどではないが、「自動車小国」でもなかった。西側諸国への乗用車輸出を果たしていたのも、社会主義国としては非常に特異だった。ユーゴスラヴィアで自動車産業がそれなりに発展できたのは、この国が社会主義の分業体制に組み込まれていなかったので自ら産業の発展を自由に図ることができたことと、西側の大手自動車産業の協力を得ることができたことによっていた。

ノヴォ・メストでオースティンからライセンスを受けて生産されていた「オースティン・IMV 1300」。
(*Auto: jugoslovenska revija za automobilizam*, 1972 年 5 月 17 日号, 裏表紙)

　トラック、バスなどの大型車の工場と並んで、三つの主要な乗用車工場が社会主義ユーゴスラヴィアを彩っていた。そして、そのいずれもが、西側の大手自動車メーカーからライセンスを受けて生産を行っていた。スロヴェニアのノヴォ・メスト（Novo mesto）には、すでに 1954 年に自動車工場が作られ、初期にはイギリスのオースティンからライセンスを得て乗用車生産を行っていた。そして 1970 年代以降は、フランスの大手、ルノーとの提携を果たし、角ばった形が特徴の伝説的な乗用車のひとつ「ルノー 4」の生産を始めた。社会主義時代末期の 1989 年にはルノーが工場を買収し、現在でもルノー車の生産を続けている。ボスニア・ヘルツェゴヴィナのサラエヴォ近郊のヴォゴシュチャ（Vogošća）には、TAS の略称で親しまれた「サラエヴォ自動車工場（Tvornica automobila Sarajevo）」が 1970 年代に建設され、フォルクスワーゲンと提携して乗用車生産が始まった。「カブトムシ」の愛称でよく知られるビートルに加え、TAS の評判を確かなものとしたのはフォルクスワーゲン・ゴルフの生産によってだった。「ドイツ的」品質管理のもと生産された TAS のマーク入りのゴルフは、贔屓もあってドイツ製のオリジナルより高品質と言われることすらあった。

　そしてユーゴスラヴィアの乗用車産業の最大の担い手は、セルビアのクラグイェヴァツ（Kragujevac）のザスタヴァ社であった。ザスタヴァ社はもともと本業だった兵器生産に加え、1950 年代からイタリアのフィアット社と提携しての自動車生産に乗り出した。様々な車種が生産されたが、この工場の初期のメルクマールとなったのは、「フィーチャ

ノヴォ・メストで生産されていたルノー4（鈴木撮影、2014年、ゼムン）

マケドニアで現役で走る「フィーチャ」（山崎撮影、2013年）

映画『国産クラス』のポスター

／フィーチョ（Fića/Fićo）（フィアットちゃん）」の愛称で知られるフィアット600のライセンス・モデル、ザスタヴァ750だった。当時は、「フィーチャ」を対象とするラリーレースなども開催され、その様子は、『国産クラス』という映画にも描かれている。その後1970年には、セダンタイプのザスタヴァ101の生産を開始した。このモデルは、101のセルビア・クロアチア語読み「スト・イエダン」を人名にひっかけて「ストヤディン」の愛称で呼ばれた。「ストヤディン」は、東側諸国や当時友好関係にあった第三世界諸国に輸出された。そして1980年代に入ると「ユーゴ45」の生産が始まる。ザスタヴァ社は1990年代の紛争中、ほとんど生産が止まり、品質も大幅に悪化した。その後も細々生産を続けていたが、最近になってフィアットに身売りされた。

　この他、豊かな人々は西側の自動車（西ドイツ製が多い）、そうでもない人々は東側の自動車（ソ連のラダ、チェコスロヴァキアのシュコダ、「アイロン」の愛称で呼ばれたポーランドのポルスキ・フィアット、東ドイツのトラバントなど）といった輸入車に乗っていた。

　社会主義時代に生産された乗用車は、時代を経るにしたがって街中で見かけることも少なくなったが、多くの人にとって、「ユーゴスラヴィアが輝いていた時代」を思い出すよすがでもある。（山崎信一）

ザスタヴァ 101。「ストヤディン」の愛称で知られる。(鈴木撮影、2009 年、ベオグラード)

サラエヴォで生産されていたフォルクスワーゲン・ゴルフ。「TAS」のエンブレムが付けられている。(鈴木撮影、2014 年、ベオグラード)

トゥズラ（Tuzla）（ボスニア・ヘルツェゴヴィナ）の鉱山を訪れ、労働者をねぎらうわれらが同志ティトー。
（*Josip Broz Tito: monografija*, Zagreb, 1971 ［頁数記載なし］）

鉱業——連邦を支え、連邦を解体したユーゴスラヴィアを代表する産業

　鉱業はユーゴスラヴィアにおける主要産業の一つに数えられる。またバルカン半島では、非常に古い時代から受け継がれた産業でもある。バルカン半島の先住民族とされるイリュリア人や、この地に入植したケルト人、ザクセン人らが、鉱山業に従事していたと伝えられている。

　鉱山はユーゴスラヴィア各地に存在し、さまざまな鉱物資源を産出している。鉄も採取されるが、クロム、マンガン、モリブデン、コバルト、カドミウム、銅、アンチモン、鉛、亜鉛など、工業製品に用いられる非鉄金属が特に豊富である。また歴史的には、金や銀といった貴金属も採掘されている。クロアチアにもラビン（Labin）炭鉱などの大きな鉱山が存在している（いた）が、ユーゴスラヴィアにおける鉱業の一大中心地と言えば、やはりコソヴォ地域が挙げられる。

　コソヴォの豊富な鉱物資源は、18世紀にはすでに注目されており、第一次世界大戦終結時の講和会議においても、この地の鉱山資源の管理権をめぐって列強諸国が議論を交わしていた。特にコソヴォ北部、ミトロヴィツァ（Mitrovica）近郊のトレプチャ（Trepča）鉱山はユーゴスラヴィア最大級の鉱山であり、第二次大戦時の分割統治期には、他の地域

が傀儡政権による間接統治が敷かれた一方で、この地はドイツに直接統治された。1980年代にはコンビナートが建設され、経済的後進地域における重要な雇用供給源としての役割も担った。トレプチャでは鉛、亜鉛、銀が産出されており、現在においても6,000万トンを超える鉱床が眠っているとされ、周囲にはボーキサイト鉱山、マグネシウム、ニッケルを産出する大規模鉱山が多く存在する。170億トンもの石炭が埋蔵されているとする報告もある。

　鉱山労働は極めて過酷な労働である。真冬でも坑内の気温は38度にも達すると言われている。先述のトレプチャでは、最盛期には8時間ずつ3シフトが組まれ、24時間態勢で稼働していた。このような過酷な労働環境に加え、その役割の国家的重要性から、鉱山労働者は労働者の中でも特に象徴的な地位を与えられており、多くの労働者が「人民英雄」に列せられ叙勲されている。ユーゴスラヴィアの通貨であるディナール紙幣のモチーフにも、鉱山労働者が用いられていた。

　鉱山労働者もまた、1980年代に入ると、さまざまな場所でストライキに参加した。鉱山労働者のストライキは、彼らの象徴的地位ゆえに、ユーゴスラヴィア体制や社会に非常に大きな衝撃を与えた。先述したトレプチャでも大規模なストライキが発生し、アルバニア人の労働者の主張をめぐって、共和国の間で対立が発生し、ついには解体を招いてしまった。鉱業は、ユーゴスラヴィアが終わる時にも、極めて大きな影響力を行使していたのだ。（百瀬亮司）

「1000倍長持ちする電池」ニッケル・カドミウム（いわゆる「ニッカド」）蓄電池トレプチャ工場の広告。アメリカのマラソン・バッテリー社のライセンスに基づいて生産されているとのこと。(NIN, 1983年9月11日号, 52)

観光――西側の観光客もひきつけた自然と文化

社会主義ユーゴスラヴィアで制作された観光用の宣伝映像では、次のようなナレーションを聞くことができる。

> クリスタルの海に囲まれた古代の都市が今なお見られる国。
> 波乱の歴史を経てきたユーゴスラヴィアは、
> 第二次大戦後、6つの共和国と2つの自治州からなる
> 社会主義共和国となりました。
> 公用語は5つ、宗教は3つ、あなたの想像を超えた国、
> ユーゴスラヴィアへ！！

モンテネグロ、ブドヴァ近郊のベチチ（Bečići）のリゾート。(*Review*, 1974年6月号, 4)

スロヴェニアのスキー場。よく見ると、リフトに乗っている人はスキーを履いていないので、ホテルへの移動か何かでリフトを利用しているようだ。(*Review*, 1971 年 1 月号, 37)

ボスニア・ヘルツェゴヴィナ、モスタルの橋。オスマン時代に建造されたが、1990 年代の内戦で破壊。現在は修復されている。(*Review*, 1984 年, 208 号, 29)

プリズレン (Prizren)(コソヴォ) の街並みとシナン・パシャ・モスク (1980年代)(*Review*, 1987年5-6月号, 22)

ザグレブのカトリック教会ザグレブ大聖堂 (1980年代)(*Review*, 1987年3-4月号, 17)

　社会主義ユーゴスラヴィアは、クロアチアからモンテネグロにのびるアドリア海の沿岸地域を中心に、観光地としても西側諸国からの関心を集めていた。天然の観光資源に加えて、イスラム教とキリスト教の共存、西側に開かれた社会主義など、常識的には考えられない「ハイブリッド」もまた、この国の魅力として内外に喧伝され、ユーゴ国内はもとより、西側諸国からも多くの観光客がユーゴスラヴィアを訪れた。あるイギリス人女性は、サッチャーを信奉するゴリゴリの保守党支持者であり、すなわち、いかなる社会主義にも嫌悪感を示していながら、毎年のバカンスにはユーゴスラヴィアの海岸を訪れ、彼の地を深く愛していたとのことである。

　実際、ユーゴスラヴィアは自然と文化双方の豊富な観光資源を有している。ユーゴスラヴィアの地理的広がりを表す言い回しとして「ヴァルダルからトリグラウ、ジェルダップからアドリアまで (od Vardara, pa do Toriglava, od Đerdapa, pa do Jadrana)」というものがあるが、これはユーゴスラヴィアの自然観光資源の豊富さをよくあらわしている。ヴァルダルは、マケドニア北西部に源を発しエーゲ海に注ぐヴァルダル川である。古代より、重要な水路として機能していたこともあり、スコピエをはじめとするマケドニアの主要都市を流れ、同国を象徴する河川となっている。トリグラウはスロヴェニアの最高峰トリグラウ山。この山を含むユリアン・アルプスはスキーリゾートとして、冬のレジャーを楽しむことができる。ジェルダップはセルビア東部、ルーマニア国境にほど近いジェルダップ峡谷を指す。ジェルダップ峡谷は、その狭く切り立った形状から「鉄門」と呼ばれ、現在もその周辺は国立公園として勇壮なパノラマが見られる。アドリアは、言わ

> ドゥブロヴニク付近のホテルから。トップレスの女性の周りであまりにもフツーにふるまう男性と親子連れ。テーブルの上にはトルコ・コーヒーが給されている。(*Review*, 1977 年 1-2 月号, 42)

ずと知れたユーゴスラヴィア観光のメッカ、アドリア海であり、沿岸にはドゥブロヴニク（Dubrovnik）、スプリット（Split）、コトル（Kotor）など、世界遺産に登録された港湾都市が目白押しである。このほか、正教会の修道院群やイコンに彩られた教会施設、オスマン時代に作られたモスタルの橋など、歴史的建造物も各地に見られる。

これらの観光資源も、1990 年代の紛争において破壊されたり、その後の経済的な不振の中で管理が行き届かなかったりと、苦難の時代が続いた。現在においては、その輝きを再び取り戻しつつある。

（百瀬亮司）

> マケドニアの民族衣装に身を包んだ女性たち。「多民族性」も国の特徴として国外に宣伝された。(*Review*, 1973 年 11 月号, 7)

ソ連向け商船として竣成された
「ヨシップ・ブロズ・ティトー」号。
(*Tito i more*, Rijeka / Zagreb, 1983, 305)

アドリア海から世界の大海原へ——海洋国家ユーゴの海運と世界第4位にもなった造船

　スタジオジブリの映画『紅の豚』（監督：宮崎駿、1992年）の舞台にもなったアドリア海は、周知のように、地中海のなかでイタリア半島とバルカン半島に囲まれた海域。ユーゴスラヴィアの国土は、そのバルカン半島側北部の海岸線を占め、共和国別に見ると、そのうちの大半がクロアチア（のダルマチア地域）、多少モンテネグロ、ちょっとだけスロヴェニア、そしてもうほんとに「雀の涙」程度にボスニア・ヘルツェゴヴィナとなっている。アドリア海と言えば、『紅の豚』のシーンにも美しく描かれた（映画の設定は戦間期

ニューヨークの摩天楼を背後に航行するユーゴリニヤの船舶（*Review,* 1963 年 7-8 月号 , 37）

のイタリアだが、街並みや風景の多くはその対岸、クロアチアのドゥブロヴニクなどがモデルとなっている）ように風光明媚な景観、また観光やリゾートがまず知られるが、社会主義ユーゴスラヴィアには、ここら一帯の海を活かした海洋国家としての「顔」もある。

　古来からアドリア海は、ヨーロッパと東方世界ないしアフリカを結んだ地中海交易において東の一端を形成し、その拠点として多くの港や都市が発達した。後のユーゴスラヴィア地域で見れば、15 〜 16 世紀に都市国家（「ラグーザ共和国」）として繁栄を築いたドゥブロヴニク、同じく中世にアドリア海に「君臨」したヴェネツィア共和国の版図であったダルマチアのスプリット、ザダル（Zadar）、コトルといった諸都市、またハプスブルク帝国領として発展を遂げたリエカ（Rijeka）などが代表的である（以上、モンテネグロのコトル以外はクロアチアの都市）。これらの港湾都市は社会主義時代も、ユーゴスラヴィアの海上輸送における要衝となった。そのうち国内最大の港であったリエカには、どちらも国営で 1947 年に創設された「ユーゴリニヤ（Jugolinija）」（「ユーゴスラヴィア海運（Jugoslavenska linijska plovidba）」の略称）と「ヤドロリニヤ（Jadrolinija）」（同様に「アドリア海運（Jadranska linijska plovidba）」）という 2 つの海運最大手の本社が置かれた。後者が国内やアドリア海周辺の旅客・貨物輸送を主とする一方、前者はコンテナ船やタンカーを用いた大型貨物の国際海運を担い、アドリア海から北米、北欧、中東へといった航路を軸に世界の大洋を「股」にかけながら、ユーゴスラヴィア海運の一時代を

国内最大のリエカ港の様子。奥には造船所が見える。(*Review*, 1967 年「Expo 67」特別号 , 31)

築いた。また海運業の展開と並行して、社会主義時代には政府の手厚い支援のもとに造船業も大きな発展を見た。多くの海外受注を受け、国際的な評判も高かったスプリットの「スプリット造船工業（Brodograđevna industrija Split、略称 Brodosplit）」、またリエカの「5月3日（3. maj）」社や旧来から造船で知られるプーラ（Pula）の「ウリャニク（Uljanik）」といったダルマチア沿岸の造船企業を拠点として、ユーゴスラヴィアは世界有数の竣工量をもつ造船国へと成長した（1989 年には建造量で、東アジアの3国（日本、韓国、中国）に次ぐ世界第4位）。

　1990 年代初頭に国家が解体すると、ユーゴスラヴィアの海運業は海岸線とともに、独立した共和国ごとに分割され、リエカに拠を置く先の二社はいずれもクロアチアの企業となった（造船業についてもほとんどがクロアチアに引き継がれた）。ヤドロリニヤがアドリア海域を中心に現在も事業を展開する一方、ユーゴリニヤは 1992 年に社名を「クロアチア・ライン（Croatia Line）」と変えて存続するも、財政問題や航路廃止などを抱えて 1999 年に破産した。――かつて「JUGOLINIJA」と印された船舶とともに世界の海

アドリア海の「幸」を使った食品加工業も。ロヴィニ（Rovinj）の缶詰工場の生産ライン。
（*Review*, 1985 年 9-10 月号, 8）

リエカ港に停泊するユーゴリニヤの船舶（*Review*, 1971 年 10 月号, 33）

運業界に名を馳せた海洋国家ユーゴスラヴィア。その面影は、今でこそ、残された船舶の写真などに窺えるだけであるが、当時を知る現地の船乗りの追憶には懐かしく誇らしげに残っているという。（鈴木健太）

ユーゴリニヤの雑誌広告。（*Review*, 1962 年 5 月号, 裏表紙）

自動車メーカー「ザスタヴァ」社製のカラシニコフ銃がイラクなど非同盟諸国に広まる

　「ザスタヴァ」社と言えば、「ユーゴ45」をはじめとするユーゴスラヴィア国産車の企業として知られるが、この会社の製品は自動車ばかりではない。セルビア中部の都市クラグイェヴァツに拠を置く同社は、もともと19世紀後半のセルビア王国の時代から大砲や小火器を生産する軍需企業が前身。第二次世界大戦後、社会主義国家の発足を受けて「ツルヴェナ・ザスタヴァ社（Zavodi Crvena zastava）」（「ザスタヴァ」は「旗」の意味で、日本語にするなら「赤旗社」）と社名を変えてからも武器の製造が主であった。1953年に自動車の生産が開始され、これ以後、自動車部門が発展していくことになるが、軍需部門は引き続き国内随一の規模を誇った。

　生産された武器は、アサルトライフル（突撃銃）、自動小銃、機関銃、拳銃、猟銃など、小火器が中心で、1970年代以降は大砲などの重火器も製造された。基本的にはソ連や西側の軍需企業からライセンスを受けてつくられることが多かった。最も知られるのが、ソ連のAK-47をもとに改良・設計されたアサルトライフル「ザスタヴァM70」。いわゆる「カラシニコフ銃」のユーゴスラヴィア版である（AK-47を設計したのがかの有名なミハイル・カラシニコフ）。1970年に製造が開始され、ユーゴスラヴィア人民軍（JNA）では標準仕様の武器として広く配備された。また、冷戦期の東西陣営どちらにも属さないユーゴスラヴィアは、ソ連を仮想敵として「全人民防衛」という独特の防衛戦略を敷いており、有事に人民自ら国を守るための武器のひとつとして各地に備えられた（これらのM70が、1990年代初頭の国家解体に伴う戦争では、各勢力の「身近」な武器として使用されてしまったことが、「内戦」を激化させた一因で

ツルヴェナ・ザスタヴァ社の雑誌広告。製品紹介には、各種自動車の他に、「猟銃やスポーツ銃」とある。（*Review*, 1964年5月号, 47）

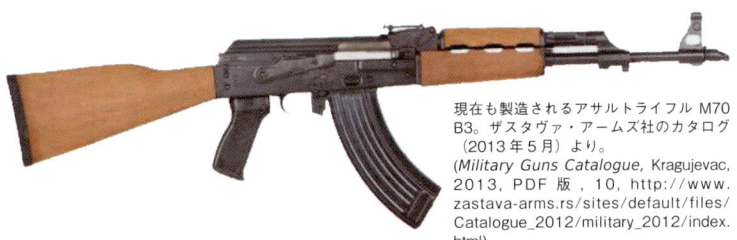

現在も製造されるアサルトライフル M70 B3。ザスタヴァ・アームズ社のカタログ（2013年5月）より。
(*Military Guns Catalogue,* Kragujevac, 2013, PDF 版 , 10, http://www.zastava-arms.rs/sites/default/files/Catalogue_2012/military_2012/index.html)

あったとはしばしば指摘される）。

　国内のみならず、ザスタヴァ M70 は国外にも存在。例えばイラクにおいては、1970年代末に M70 の製造ライセンスが売却され、M70 と同じモデルがイラク国内の工場で生産されるようになったと言われる。工場のあった地名から「タブク（Tabuk）」と呼ばれるこの銃は、80 年代のイラン・イラク戦争、91 年の湾岸戦争、さらには「9.11」後のイラク戦争などの実戦で広く使用されたという。イラクとのつながりは降って湧いたものでなく、その背景にあるのはもちろん非同盟運動。外交戦略の中心に位置づけられたアジア・アフリカ諸国との強い結びつきは、ユーゴスラヴィア製品の輸出先や海外の投資先という「恩恵」をもたらした。ツルヴェナ・ザスタヴァ社が製造した武器なども、イラクに留まらず、これら非同盟諸国への輸出品のひとつとなったわけである。

　ユーゴスラヴィア解体後、ツルヴェナ・ザスタヴァ社は「ザスタヴァ・アームズ（Zastava Arms / Zastava oružje）」と名を変え、セルビアの軍需企業として現在に至る。旧来から日本では（とくに軍事愛好家などの間で）なぜか「ツァスタバ」と呼ばれることがままあるが、現地語の発音に倣うなら「ザスタヴァ」の方がより近い音ではある。（鈴木健太）

イラクを訪れたティトーを歓迎するサッダーム・フセイン（当時はまだナンバー2）。武器に関する「お話」もどこかで行われたのだろうか。（バグダード、1979 年）（*Review,* 1979 年 10 月号 , 11）

原子力①——核兵器は計画したとしても、もたず、つくらず、もちこませることは考えず

　軍事利用にせよ、商業利用にせよ、原子力の技術開発が世界で本格的に動き出したのは第二次世界大戦後のこと。「原子力時代」の黎明期において、ユーゴスラヴィアの初動は、随分と早かった。戦争の傷跡がまだ残る時代にあって、1948年1月、ベオグラード近郊のヴィンチャ（Vinča）に「ボリス・キドリッチ原子力学研究所（Institut za nuklearne nauke "Boris Kidrič"）」（設立当初の名称は「物質構造調査研究所（Institut za ispitivanje strukture materije)」」が設立された。創設の中心となったのはセルビア人のパヴレ・サヴィチ（Pavle Savić）という物理化学者。ティトーと旧知の仲であった彼は、戦後すぐにソ連に渡って先端の原子力技術を学んでいたところ、ティトー自身が46年のソ連訪問時に、サヴィチが席を置く研究所を視察した。その際、自国にも同様の研究機関を設立することを求め、帰国を命じたのがすべての発端だったという。その後、翌49年にはリュブリャナに「ヨージェフ・ステファン研究所（Institut "Jožef Stefan"）」、翌々50年にはザグレブに「ルジェル・ボシュコヴィチ研究所（Institut "Ruđer Bošković"）」がつくられ、この3つの機関を中心に自前の原子力研究が着手されていった。

　とはいえ、「物質構造調査」云々とか、人名のみを冠して「○○研究所」とか、穿ってみるとなにやらアヤシイ感じのするこれら研究機関（ちなみに、ヨージェフ・ステファンは19世紀の、ルジェル・ボシュコヴィチは18世紀の著名な自然科学者で、民族的に前者はスロヴェニア系、後者はクロアチア系である。一方、ボリス・キドリッチはスロヴェニア人で、カルデリと並んで戦中から党の中核を担った頭脳派の幹部。1953年に41歳で早世したのちに、その名が機関名に据えられた）。原子力の開発・研究によって、何を最終的にめざしていたかは気になるところである。

ボリス・キドリッチ原子力学研究所の創設者パヴレ・サヴィチ（*Review*, 1985年7-8月, 35）

　よく言われるように、兵器の製造も、「平和利用」も、原子力の技術としてはコインの表と裏。ティトーをはじめ、ひと握りの党幹部と軍関係者、そして研究者のあいだでは、水面下で原子力を用いた兵器開発が秘密裏に検討されていた!?なんていう話や噂は当時からあった。その辺の経緯や事実関係については不明な点も多く、真偽のほどは分からない。1950年代、60年代と大国が核兵器開発を競った時代に、冷戦下の「東西」どちらにも

ヴィンチャのボリス・キドリッチ原子力学研究所（*Review*, 1965年3月, 23）

左：研究用原子炉のホットセルで操作する技師、右：アナログコンピュータで作業する研究員。（いずれも、同, 24）

与しないバルカンの中規模国が同様の兵器に手を伸ばすとは考えにくい一方、ちょっとくらいは頭を過っていたのかもしれない。

　結果として見れば、社会主義ユーゴスラヴィアにおいて原子力を用いた兵器が登場することはなかった（あるいは、もし仮に計画があったとしても、実現に至らなかった）。核兵器の廃絶をめざして1968年に署名開放された核拡散防止条約においては、62か国からなる最初の調印国の一角を占め、70年に批准している。対外的にも、53年のスターリン批判を経て60年代に入ると、仮想敵国であるソ連との関係は以前よりも随分と改善され、その脅威は少なくなっていた。それに加えて、外交政策の「肝」であった非同盟運動。国際舞台で「積極的平和共存」の理念を唱え、アジア・アフリカ諸国との協調を推進する立場からして、核兵器をもつことは現実的な政策でなく、ましてそこに莫大な資金を投じる意欲や意味は見出せなかったというのは少なくとも本音であっただろう。（鈴木健太）

クルシュコ原発の中央制御室（*Review*, 1981 年 7-8 月号, 12）

原子力②——アメリカはウェスティングハウス・エレクトリック社製のクルシュコ原発

　さて、先述の３つの機関の設立とともに産声をあげたユーゴスラヴィアの原子力研究。当時は、原子力が多くの可能性を秘めた「未来」のエネルギーとして、新鮮な魅力とともに期待と関心を集めた時代である。核兵器云々はともかく、ティトーの一声で国家事業として着手された背景には、いわゆる「平和利用」が動き出した時代の流れもあった。もっとも最初の一手が研究所の設立であったように、まず必要だったのは研究環境やインフラの整備と確立。例えばボリス・キドリッチ原子力学研究所は、ヴィンチャの没収した広大な敷地に、ユーゴスラヴィアお得意の「労働活動（radna akcija）」（奉仕労働）の動員をかけて、研究施設に住宅施設、スポーツセンターからレストランなどが建てられ、小さな学園都市として誕生した。人材の育成と確保も急務で、「お雇い外国人」を呼んでノウハウを学びつつ、国内各地から若い研究者を集めて専門家の養成が行われた。1950 年代には、原子力の分野で当時先進的であったノルウェーと密な関係がつくられ、研究者の往来と連携が進められたという。

　1950 年代後半になると、研究用原子炉が２基、ボリス・

作業終了毎に行われる放射能の測定検査（ボリス・キドリッチ原子力学研究所）（*Review*, 1965 年 3 月号, 27）

キドリッチ原子力学研究所に完成する。ひとつは、55年にモスクワの研究所から購入したソ連製の重水炉「RA」で、59年から運用された。もうひとつは、56年から開発が進められ、58年から運用が開始された零出力臨界集合体の重水炉「RB」。こちらは初の国産原子炉であった。またリュブリャナのヨージェフ・ステファン研究所には、米国のジェネラル・アトミクス社製の研究用軽水炉「TRIGA Mark II」が導入され、66年から運用された。こうして研究用の原子炉も備えながら、ユーゴスラヴィアの原子力研究は着々と進展し、1960年代にはこの分野の国際的な水準を追従するほどになったようである。

そして1970年代、他の先進各国でも電力需要の増大から原発計画が進められていったこの時代、ユーゴスラヴィアでも原子炉を実際に商業利用する事業が始まることになる。スロヴェニアとクロアチアでは電力生産を補う必要性が生じ、1970年、まず両共和国の電力企業のあいだで原発建設に関する協定が結ばれた。ユーゴスラヴィアの連邦制では電力事業の権限は各共和国に置かれており、2つの共和国は、共同出資、共同管理、共同利用といったすべてを折半する原則のもと、スロヴェニア領内のクルシュコ（Krško）（クロアチアとの境界に接するサヴァ川沿いの小都市）とクロアチア領内のプレヴラカ（Prevlaka）（ザグレブから東におよそ20kmのサヴァ川沿いの村）にそれぞれひとつ発電所を建設することが取り決められた。先に建設が進められたのはクルシュコの方で、入札の結果、発電所の設備設計には米国のウェスティングハウス・エレクトリック社（Westinghouse Electric Corporation）による加圧水型原子炉（PWR）型が採用された。建設工事が着工されたのは75年。国内の製造企業が設備取り付けなどを請け負いながら発電所施設が建設され、81年には試験運用が始まり、84年に全面的な運転開始を迎えた。

こうしてユーゴスラヴィアにおける最初で最後のクルシュコ原子力発電所（Nuklearna elektrarna Krško）は誕生したが、その完成にティートーは立ち会うことはなかった（1980年5月に死去）――いや、それよりなんでこの原発が最後なの？ プレヴラカの方はどうなったのかって？ あわてない、あわてない。そのまま次の項目にお進みください。（鈴木健太）

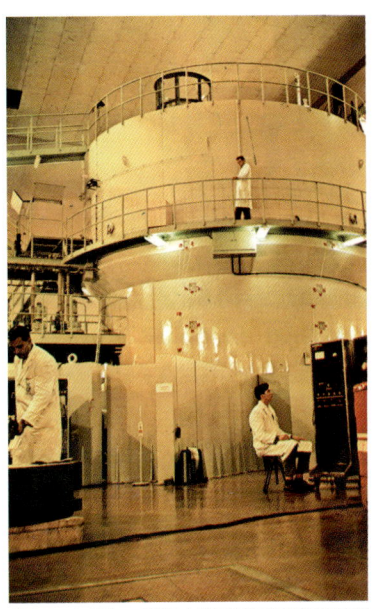

ボリス・キドリッチ原子力学研究所の研究用原子炉「RA」（*Review*, 1965年3月号, 25）

「何が人体に危険か」――チェルノブイリ原発事故後の週刊誌の誌面から。右は、世界各国の原発の数を示した地図。（*Ilustrovana politika*, 1986年5月13日号, 20-21）

原子力③――ユーゴスラヴィアにおける「チェルノブイリ」とその余波

　1980年代前半、国内初のクルシュコ原発が運転を開始する一方、スロヴェニアとクロアチアの原発建設共同事業におけるもうひとつの建設予定地プレヴラカの計画は、設備設計の受注先を選定するまで進んでいた。同時に、他の共和国も視野に入れた、次なる原発建設の計画も幾つか出ていた。こうして順調に拡大しつつあったユーゴスラヴィアの原発建設事業だが、そんな原子力の「平和利用」の気運を一気に吹き飛ばしたのが、1986年4月に発生したチェルノブイリ原発の事故である。

　4月26日の深夜1時半近く、ソ連領内（現在はウクライナ）のチェルノブイリ原子力発電所4号炉で炉心溶融が生じ、そのまま爆発に至るという未曾有の事態は、現場から陸続きで南西約1,000kmのユーゴスラヴィアにも伝えられ、人々を驚愕させた。目に見えない放射能の汚染が広がる恐怖のなか、放射能の人体への影響、雨と風の予報、食品や飲料をはじめとした線量の計測などの情報が日常的に報じられ、風評の類もまことしやかにささやかれ、国内には混乱と精神的パニックが押し寄せた。連日の報道では、ボリス・キドリッチ原子力学研究所をはじめ、国内の原子力研究機関の専門家が放射能関連の情報対応に追われる一方、巷では「ソ連がユーゴにもたらしたものは2つ！――社会主義革命と放射能だ」なんていう、笑うに笑えないがとりあえず笑っておくブラック・ジョークが登場したり、街の市場ではしばらく葉野菜の類がタダ同然で売られていたという。

　このように、東日本大震災における福島第一原発事故後に見られた光景と似たような状況が、すでにユーゴスラヴィアにも起こっていたわけだが、当時の多くのヨーロッパ諸国と同様、チェルノブイリの一件を受けて、瞬く間に風向きが変わってしまったのが国

内の原発事業であった。事故直後からリュブリャナ（唯一の原発を所有する共和国の首都）では抗議デモが起きるなど、反原発の潮流が一気に拡大。早くも1986年5月にプレヴラカの原発建設の中止が決定されると、いわゆる「モラトリアム」と呼ばれる、国内における一定出力以上の新たな原発建設を一時的に禁止（凍結）する動きが進んだ。最終的には、89年6月の連邦議会で「ユーゴスラヴィア社会主義連邦共和国内原子力発電所建設禁止法（Zakon o zabrani izgradnje nuklearnih elektrana u SFRJ)」が採択され、新たな原発建設は違法となった（なお、この「禁止法」はセルビアに引き継がれて現在も有効となっており、同国内では2015年まで原発建設が法的に禁止されている）。そしてこの2年後にはスロヴェニアとクロアチアが連邦からの独立を宣言し、国自体がなくなってしまうので、クルシュコ原発はユーゴスラヴィア最後の原発ということになるわけである。

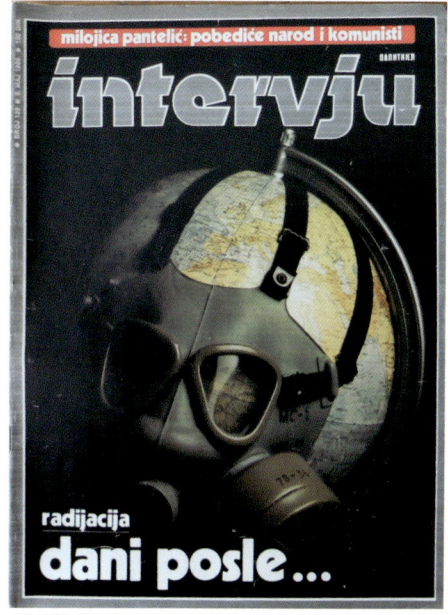

「放射能、数日後……」——「事故」直後に刊行された雑誌の表紙（Intervju（ベオグラード）, 1986年5月9日号）

　ちなみに、クルシュコ原発は今もユーゴスラヴィア地域における唯一の原発。ただし、元々のスロヴェニアとクロアチアの共同事業が半分だけ完遂されたという歪な格好であるため、ユーゴスラヴィア解体後、両国の電力会社のあいだでは原発の共同利用をめぐって度々対立が起きた（例えば、共同保有ゆえにクロアチアも電力供給を受けるといっても、原発の核廃棄物の保管先はスロヴェニア領内である問題など）。現在は、2001年に調印された共同保有に関する新たな協定のもとで引き続き共同利用される。

　ついでに言うと、ボリス・キドリッチ原子力学研究所は、社会主義時代の終焉を経て、「ヴィンチャ原子力学研究所（Institut za nuklearne nauke "Vinča")」となる。名前はそのままのヨージェフ・ステファン研究所とルジェル・ボシュコヴィチ研究所とあわせて、いずれの研究所も今日では、原子力研究のみならず自然科学の様々な学問分野を扱う各国の拠点のひとつとなっている。（鈴木健太）

観光地で絨毯を売ったり、(*Review*, 1968 年 2 月号, 21)

小さなレストランで名物料理を出したり、(*Review*, 1964 年 12 月号, 15)

洞窟をバーに仕立てて酒をふるまったり、(*Review*, 1968 年 2 月号, 23)

個人経営――社会主義体制における私的な(サイド)ビジネス

　社会主義体制における経済の仕組みとして、教科書にもよく出てくるのは、国家所有(国有)や計画経済といった概念。いずれも資本主義社会の私的所有(私有)や市場経済に対置される。ただこれは「東西冷戦」の「東」を担ったソ連型の社会主義国を念頭に置いたもので、(ソ連と対立してしまったがゆえに同じことはできなくなった)ユーゴスラヴィアには当てはまらない。財産の国有化、経済活動の計画的な統制といった国家主導のソ連的なやり方を「反面教師」に、国家や党エリートではなく労働者自らが平等的に社会と経済を運営することを目指した独自の「労働者自主管理」。そこでは、私有や国有のような誰かしこが所有するという考え方ではなく、社会(労働者みんな)に所有されているという「社会的所有(社会有)(društvena svojina)」が打ち出された。一方、1960 年代には市場経済が肯定されて導入されていくが(資本主義の肯定ではない)、これが円滑に機能しないと、1970 年代には資本主義でも国家統制でもない、協議と合意によって経済活動の計画化を進めていく「協議経済」が採用された。

　とまあ、この国の経済システムは、色々実験的に試されたというか、ある種柔軟性があるというか、時代によっても一様でなく、社会主義経済への一般的イメージからすると、一見矛盾するような制度や実態も存在した。例えば、農業に関しては、早い時期に集団化

街の露店で土産物や手工芸品を売ったり、(Review, 1968年2月号, 24)

職人が帽子をつくったり直したり、(同, 28)

車の洗車や修理を請け負ったり、(同, 26)

個人農が余剰を市場で売ったり一色んな「隙間」の需要と供給のなかで個人経営が回っていた。(同, 28)

が放棄され、個人の農民経営が主体となっており(少数だが協同組合ないし大規模な企業経営も存在)、農民は 10 ha を限度に自分の土地をもつことができた。

　同様に、自営商店や雑貨屋など小規模の小売業、職人業をはじめとした個人の営業もある程度認められ、最大 10 名までを雇用することもできた。個人経営は、外貨獲得の貴重な収入源であったアドリア海を中心とする観光業にとっても歓迎されるもので、一定の制限はあったが、観光客相手に個人住宅や食事などのサービスを提供できるような仕組みも法的に整えられた。主な観光地には、個人で営業するゲストハウス、旅館、カフェなどが増え、観光客の需要を満たすとともに、外貨獲得や個人収入の増加に一役買った。もちろん資本主義を認めたことは一度もなく、個人の自営を資本家や富裕化を生み出す不当な根源と考える見方も根強かった。だがある意味「ゆるさ」をもった(しかし教条的な共産主義者からすればいい加減な?)こうした政策と、また個々の実際の経済状況のなかで、人々は個人経営によって生計を立てたり、副業や副収入を得ることもでき(それは一部の富裕層の「温床」にもなっ)たのだった。(鈴木健太)

ユーゴスラヴィア労働組合同盟第9回大会（1982年）のロゴ。右下の手書き文字はティトーの署名。
(*IX kongres Saveza sindikata Jugoslavije*, Beograd, 1982)

「SS」——自主管理ゆえに、存在感薄がたまにきずな労組組織

「SS」といっても、もちろん某「第三帝国」の親衛隊ではない。社会主義ユーゴスラヴィアおける労働組合の名称「労働組合同盟（Savez sindikata）」の略称である。全国組織の「ユーゴスラヴィア労働組合同盟（SSJ）」を筆頭に、SSは産業別かつ地域ごと（共和国から地方自治体まで）に存在した。

労働組合、いわゆる労組は、資本主義社会では伝統的に、資本家や企業に対して労働者が連帯し、搾取から労働者を守り、労働環境の向上・改善をめざす組織である。ユーゴスラヴィア地域においても第二次世界大戦まではそうであった。一方、社会主義体制においては、そもそも建て前として、労働者（プロレタリアート）が「主役」となる社会が樹立され、資本家をはじめとするブルジョワ階級が「打倒」されたことになっている。労組がどんな役割を持つかはなかなかに微妙で、国家や共産党が大きな権力をもったソ連・東欧の社会主義国では、労組が権力の側について、国家機構と一体化した党組織の一部となり、上から下への単なる伝達装置となることも少なくなかった。

ユーゴスラヴィアでも、労組の必要性が後退していったという意味では同じ。とりわけ独自の労働者自主管理のもと、「労働者評議会」という生産から分配までの様々な決定権限を有する労働者の代表機関が企業団体ごとに設置されたから、SSの意義や影響力はますます薄くなった。SSには労働者評議会における選挙の候補者名簿作成や解散提案な

どの権限が与えられたものの、実態としてはこれも形式的。その活動は、年次総会と組合費の徴収、互助活動や割引商品の提供、各種講習会などの教育・啓蒙活動が中心であった。

とはいえ、企業ごとに編成される労働者評議会は、企業の枠を超えた問題には対処できず、労働者全体の利益を擁護するような横断的な機能をもたない。そして自主管理制度は、理念とは裏腹に次第に形骸化し、実態として、企業長や経営層の権限増大、階層ないし地域間の格差拡大が目立ちはじめた。そのため1974年の新憲法以降は、SSの社会的、政治的な機能が強化され、労働者間の相互関係、所得分配、契約関係など、自主管理における利害関係の調整や統合を進める役割が期待された。

しかし現実には、そのような役目は部分的であった。1980年代に入って経済危

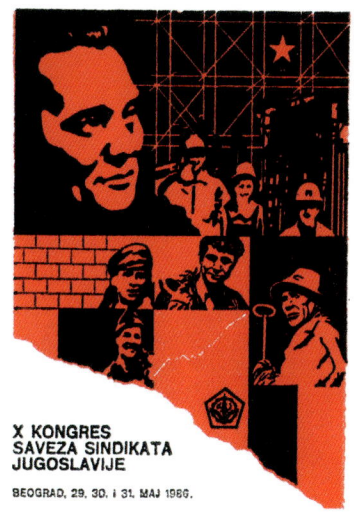

同第10回大会のポスター。
(*X kongres Saveza sindikata Jugoslavije*, Beograd, 1986)

第10回大会の様子。(*X kongres SSJ*, 23右)

機が深刻化し、ストライキが全国規模で多発したとき、SSはその組織化の一翼を担った。ただ、ユーゴスラヴィアにおいてストライキ（厳密には、「ストライキ」ではなく「労働停止」という。社会主義制度の変革をも意図し得る前者と、現体制で労働者の権利が蔑ろにされた場合に認められる事実上の権利としての後者は区別された）は、現行制度を迂回した抗議手段として、その時々で非公式に結集した面々によって組織される傾向があり、必ずしもSSが中心となるわけではなかった。個々のストは、全国ないし地域横断的な広がりを生むどころか、一企業内でも行動が分かれる場合があり、例えば、同時代のポーランドにおける「連帯」のような労働者全体の利害を包括的に代表するような勢力には発展しなかった。このことはそれ自体、ユーゴスラヴィアが自信をもって進めた労働者の自主管理と、それ故の（自主的過ぎる）極度に分権化された社会の逆説的な結果を表しているのかもしれない。（鈴木健太）

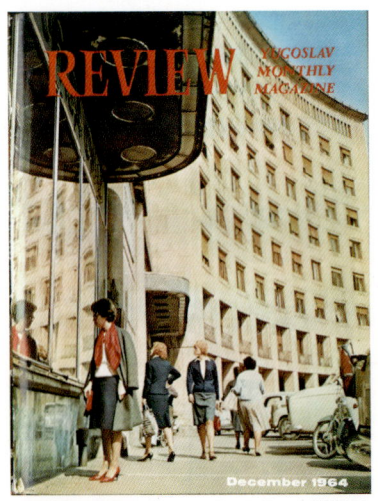

SSJの本部が置かれたユーゴスラヴィア労働組合会館（Dom sindikata Jugoslavije）（ベオグラード）。（*Review*, 1964年12月号，表紙）

SSJの機関誌『Rad（労働）』。1987年のメーデーを控えた号の表紙。（*Rad: list Saveza sindikata Jugoslavije*, 1987年4月27日号）

ユーゴ労組会館前にはマルクス＝エンゲルス広場。車がぎっしり駐車されている（1980年代）。（*Review*, 1981年3-4月号，13）

正面から見た、当時のユーゴスラヴィア労働組合会館。(*Kongresi sindikata Jugoslavije: šezdeset godina revolucionarnog radničkog pokreta Jugoslavije*, Beograd, 1980, 136)

現在も残る「Dom sindikata Jugoslavije」の文字。(鈴木撮影、2014年)

現在の労働組合会館。手前の広場は、「マルクス＝エンゲルス」の名がとれ、ニコラ・パシッチ(Nikola Pašić)広場となった。(鈴木撮影、2014年)

⭐ インフラ

高速道路——国土建設奉仕事業の一環

　1950年から1990年という実に40年ものあいだ、ユーゴスラヴィアの各都市のスムーズな横断を可能とするための高速道路が建設され続けた。

　まずは1950年にザグレブ〜ベオグラード間の路線が着工され、25万人の有志の青年の他にも、人民軍から7万人が、さらに1万4500人の技師が参加した。この高速道路は、国家の標語「友愛と統一」を冠して、「友愛と統一高速道路」と名付けられ、オーストリア国境からギリシア国境まで、文字通りユーゴの隅から隅までを結んだ。「友愛と統一高速道路」建設は、国土建設奉仕事業の一環として実施されており、その際には「友愛と統一高速道路、それは青年たちから人民へ、党へ、そしてティトーへの贈り物！」というスローガンが掲げられた。高速道路という呼称ではあるものの、一般道との交差点があるなど、近代的な設備を伴わない箇所もあったが、ユーゴスラヴィアでは唯一の現代的な幹線道路として用いられており、1日に4万台の通行を可能にしていた。国家解体に伴う戦争が生じた1991年から1995年までザグレブ〜ベオグラード間は高速道路で行き来できなくなった。その後名称が変更されたが、今も近隣のヨーロッパ諸国とユーゴスラヴィアの主な都市を、そしてかつてユーゴ連邦を構成していた共和国の諸都市間を結んでいる。（亀田真澄）

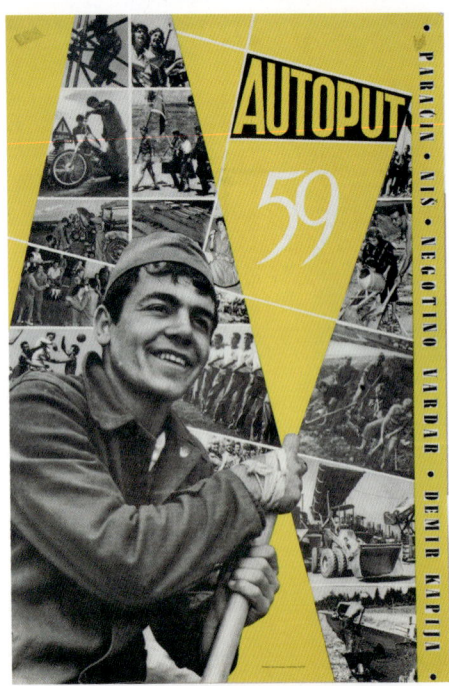

1959年の高速道路建設のポスター
（*Između straha i oduševljenja: primeri grafičkog dizajna u Srbiji 1950-1970*, Beograd, 2009, 付属CD, スライド34）

ユーゴスラヴィアの道路地図（*Review*, 1974 年 2 月号, 22）

1970 年代には拡大・改修が行われ刷新された「友愛と統一高速道路」（新ベオグラード付近）（*Review*, 1974 年 2 月号, 22）

「シャマツ〜サラエヴォ青年鉄道建設に向けて、前進！」(D. Ćirić, V. Stanić, *Vreme na zidu: politički plakat Muzeja grada Beograda 1941-2000*, Beograd, 2005, 201, 図表番号 619)

「青年鉄道」——子供達にただ働きさせて作らせた

　大戦後のユーゴが新しい近代国家としての道を歩もうとしたとき、大きな壁になっていたのは、工業インフラが決定的に不足しているということだった。戦後の国土再興期にあったユーゴスラヴィアが、なるべく安価に工業インフラを建設するべくとった手段とは、インフラ建設を教育の一環として宣伝することで、国民たちに無償奉仕させるというものだった。「私たちが作ったのは鉄道、鉄道が作るのは私たち！」というスローガンのもと、ユーゴスラヴィア各地から集められた「有志」の青年たちが、鉄道建設に従事した。このようにして1946年から1950年代前半までの間には、主にボスニア山間部と都市をつなぐ、いくつもの路線が建設されていった。これら青年たちの無償労働によって建設された鉄道は、「青年鉄道（omladinske pruge）」と呼ばれる。主に16歳から25歳の男子が従事していたが、15歳以下の、むしろ「少年」と呼ぶべき年代も多く参加していた。

　最初の青年鉄道は、「ブルチュコ〜バノヴィチ線」（建設期間は1946年5月〜11月）

左：シャマツ〜サラエヴォ線建設現場から家族に充てて出されたポストカード。
(R. Leposavić, ed., *VlasTito iskustvo past present*, Beograd, 2004, 148)

建設現場で発行されていた新聞『青年鉄道のボルバ（Borba na omladinskoj pruzi）』紙、1947年11月16日（完成記念号）

である。これはボスニア北部の町ブルチュコ（Brčko）とバノヴィチ（Banovići）を結ぶ鉄道で、6万人の青年が90キロの鉄道を敷設した。次に、ボスニアの北部の町シャマツからサラエヴォに至る、「シャマツ〜サラエヴォ線」敷設事業が行われた（建設期間は1947年4月〜11月）。21万7千人の青年によって、242キロの道のりが結ばれた。1951年には、ドボイ（Doboj）〜バニャ・ルカ（Banja Luka）間の青年鉄道が建設され、90キロの鉄道敷設に8万6千人の青年が参加した。

　新聞では連日のように写真入りの記事で報道されていただけでなく、建設現場の写真入りポストカードが多数作成され、大型の写真アルバム『青年鉄道シャマツ〜サラエヴォ』や、鉄道の初走行とサラエヴォでの記念式典を記録したドキュメンタリー映画が制作されるなど、メディア・スペクタクルとしても華々しく宣伝されていた。（亀田真澄）

新ベオグラードのニュータウン（ブロック5地区付近、1960年代末）。かつては何もなかったサヴァ川の湿地帯に次々に住宅団地が建てられた。(*Review*, 1969年10月号, 9)

「社会主義的」ニュータウン建設——張り切り過ぎる若者、たまに困惑気味のティトー

新ベオグラード（Novi Beograd）、新ザグレブ（Novi Zagreb）、新サラエヴォ（Novo Sarajevo）——旧ユーゴスラヴィア各国の地図を見ると、各共和国の首都に「新しい」を意味する「nov-」（後続の都市名の性に従って「ノヴィ（男性）」とか「ノヴォ（中性）」になる）の付いた地名がある。これらはいずれも各都市の「ニュータウン」として社会主義時代に建設された新市街である。

第二次世界大戦後、新たに成立した共産党政権のもと、社会主義建設の青写真として国を挙げて着手されたのが、国家のさらなる工業化と都市化。そのなかで戦後の復興と新たな国づくりのために大規模な都市建設事業が各地で開始されていった。やがて人口増大と農村から都市への人口流入が急速に進行すると、社会主義の主役である都市のプロレタリアートを収容する住宅の増産も喫緊に迫られた。1960年代頃から各地で大量の住宅団地が建設されていき、新市街はその格好の建設地となった。

これらのニュータウン建設は、同時代の日本における多摩ニュータウンなどの建設ラッシュと同様、戦後復興、経済発展、近代化といった国家と社会が進むべき道を象徴し、人々はそれを実感することができた。ただし、ユーゴスラヴィアの場合、そこにはまた別のイデオロギー的な意味もある。社会主義が掲げる「平等主義」「ユートピア」「進歩」などの概念は都市計画の構想と密接に結びつき、新市街はそれらを具現化し実現に移す「実験場」となった。次々に建った建造物や団地の建築様式に見られる威容さや無機質な外観に

は、当時の建築家が社会主義リアリズムの影響を受けつつ設計した社会主義的都市の未来図が投影されている。

このことは、実際の建設作業を担った「青年労働活動（Omladinska radna akcija）」という若者の労働奉仕を見ても分かる。都市建設が始まった当初、党の青年組織を通じてたくさんの若人が全国から動員され、各地の現場の貴重な労働力に充てられた。それは「強制」というよりは、新しい社会への夢や希望という人々の素朴な思いに駆られた有志の活動であったようである。

青年の労働奉仕による新ベオグラード建設の風景（*Review*, 1968 年 7-8 月号, 13）

例えば、国内で最大のニュータウンとなった新ベオグラード建設は、ティトーもとくに気を留めた重要な事業であった。その着工から間もないときのこと、住宅用の外壁の建設現場ではその日の「戦績」が記録されるようになった。まずミロサヴリェヴィチ（Radomir Milosavljević）さんが 8 時間で 30m^3 という記録を出した。すると、すぐにピシュクリッチ（Cvetko Piškulić）さんとバラシェク（Josip Balašek）さんがそれを追い抜くが、トップの座は長く続かない。今度はニコリッチさん（Božidar Nikolić）が、ノルマを遥かに上回る 8 時間で 82.54m^3 という記録（高さ 2m、厚さ 20cm の壁としたら 200m 以上の長さである……）を打ち立てた。

こうした競争は、建設計画そっちのけで他の作業現場でも結構行われていたようで、戦いの「結果」とその「献身さ」の一報はティトーの耳にも入った。するとティトーは、1950 年のとある着工式の機会に作業員を前にして、「ひとつ忠告せねばならない。皆さんはちょっと熱を入れすぎているという話を聞く。競争に打ち込み過ぎてもいけない」と大真面目に述べた。作業員の健康を気遣う優しいティトーさんかと思いきや、当時はコミ

こちらは新ザグレブのオフィスビル（*Review*, 1969 年 6 月号, 18）

住宅団地にはもちろん公園も（新ベオグラード）(*Revija*, 1966年6月号, 32)

ニュータウンは、住宅だけでなくショッピングセンター、レストラン、映画館、劇場なども備え、単なる「寝床」ではなく「街」となった。(*Review*, 1970年4月号, 10)

ンフォルムから追放された直後で、ソ連や東欧との経済関係が途絶えていた頃。張り切り過ぎても資材が追い付かないことがその発言の本意だったらしい（以上は、*Vreme*（ベオグラード），309号，1998年，52-54頁から。引用は53頁）。

　いずれにせよ、社会主義国家が誕生されて間もない頃の「熱気」と「新鮮さ」のなかで進んだ新しい街づくりは、その後から現在までの各都市の都市計画や開発の重要な基礎をつくることになった。
（鈴木健太）

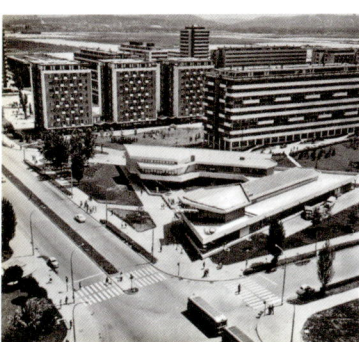

新ベオグラードにおける初期の住宅地のひとつ、ブロック1地区と商業施設「泉(Fontana)」(手前)(1960年代)(*Review*, 1968年「Yugoslavia and Asia」特別号, 6)

建設されたばかりの真新しい住宅(新ベオグラード、1960年代初頭)(*Review*, 1963年11月号, 17)

当時のモダンな建築デザイン(新ザグレブ、1960年代)(*Review*, 1969年6月号, 19)

夜のニュータウン(新ザグレブ)(*Review*, 1981年5-6月号, 25)

「社会主義団地」——住宅や共産主義者の「夢」の跡

　「社会主義団地」といっても、かつてまた現在のユーゴスラヴィア地域でこういう呼び名があるわけではない（一般に高層住宅を意味する「soliter」という言葉が同様の意味をもつことはあるが）。現地の人々にとっては社会主義期に建てられたただの住宅団地。しかしそれがその時代のものであることは外見や佇まいからなんとなく分かる。大体どれも色は灰色。コンクリートの打ちっぱなしの外壁は、数十年の時代を経て薄暗く無機質な雰囲気を醸し出し、どことなく哀愁さえ漂う。

　その朽ちた「グレー」を見ると、今でこそ、過ぎ去った社会主義のある種のくすんだイメージを重ねたくなってしまうが、完成して間もない「社会主義団地」は、実際にコンクリートも真新しく、明るい「グレー」である。社会主義が確かに時代を牽引した当時において、これらの住宅団地は、社会主義建設が映し出す社会の「未来」や「発展」を具現化するものであった。

　日本でも多摩ニュータウンをはじめとして多くの住宅団地群が登場した1960年代。

総合電機メーカー「ゴレニェ」のお膝元、ヴェレーニェ（Velenje）（スロヴェニア）の街並みと団地群（*Review*, 1978年12月号, 44-45）

トラヴノ（Travno）地区の高層住宅団地（新ザグレブ）（*Review*, 1977年4月号, 裏表紙）

　同様に工業化や都市化に邁進したユーゴスラヴィアでも、人口増大や都市への人口流入を受けて住宅需要が高まり、各地で数多くの住宅団地が建設されるようになった。それらは基本的に、手狭な旧市街や街の中心部ではなく周縁区域や郊外に建てられ、新市街を形成した。例えばその代表格が、首都ベオグラードに位置する新ベオグラード（Novi Beograd）。サヴァ川左岸の湿地を埋め立てた広大な土地に、集合住宅、学生寮などがポツポツと現れ、80年代頃には20万に近い住民を抱える巨大なベッドタウンが広がるようになった。

　これらの住宅団地に特徴的なのがその外観。社会主義諸国で当時追及された社会主義リアリズムの影響が強く見受けられ、時代を象徴する装いとなっている。写真で見ると分かりやすいが、単線を基調としながら「実験的」「重厚」、あるいは「近未来的」なデザインが用いられ、かなり奇抜でヘンテコな形もある。50年代以降に見られた彫塑的なブルータリズム建築（冷酷さや荒々しさを基調にする）の影響もあって、コンクリートの打ちっ

新ザグレブのシゲット（Siget）地区の高層住宅（*Review*, 1977 年 4 月号, 44）

ぱなしも多い。一方、見た目や品質は二の次にして大量生産された場合も多々あったから、様式やデザインの問題とは別にただ「安っぽく」見える団地もある。こうした建築様式は、集合住宅だけでなく、この時代に建造されたビルや官公庁にも見られ、ユーゴスラヴィアのみならず、他の東欧諸国における同時代の団地や建築物などにもある程度共通する傾向のはずである。

　近年、旧ユーゴスラヴィア地域では最新のモダンなマンションが増えつつあるが、現在でももちろん「社会主義団地」は健在。居住空間の手狭さや老朽化に伴う様々な問題を抱えながらも、引き続きそのほとんどが各地の住宅源として利用されている。（鈴木健太）

ベオグラード郊外、バノヴォ・ブルド (Banovo Brdo) 地区の高層団地と広大なスポーツ施設

プリシュティナ（コソヴォ）の住宅団地（*Review*, 1973 年 11 月号, 24）

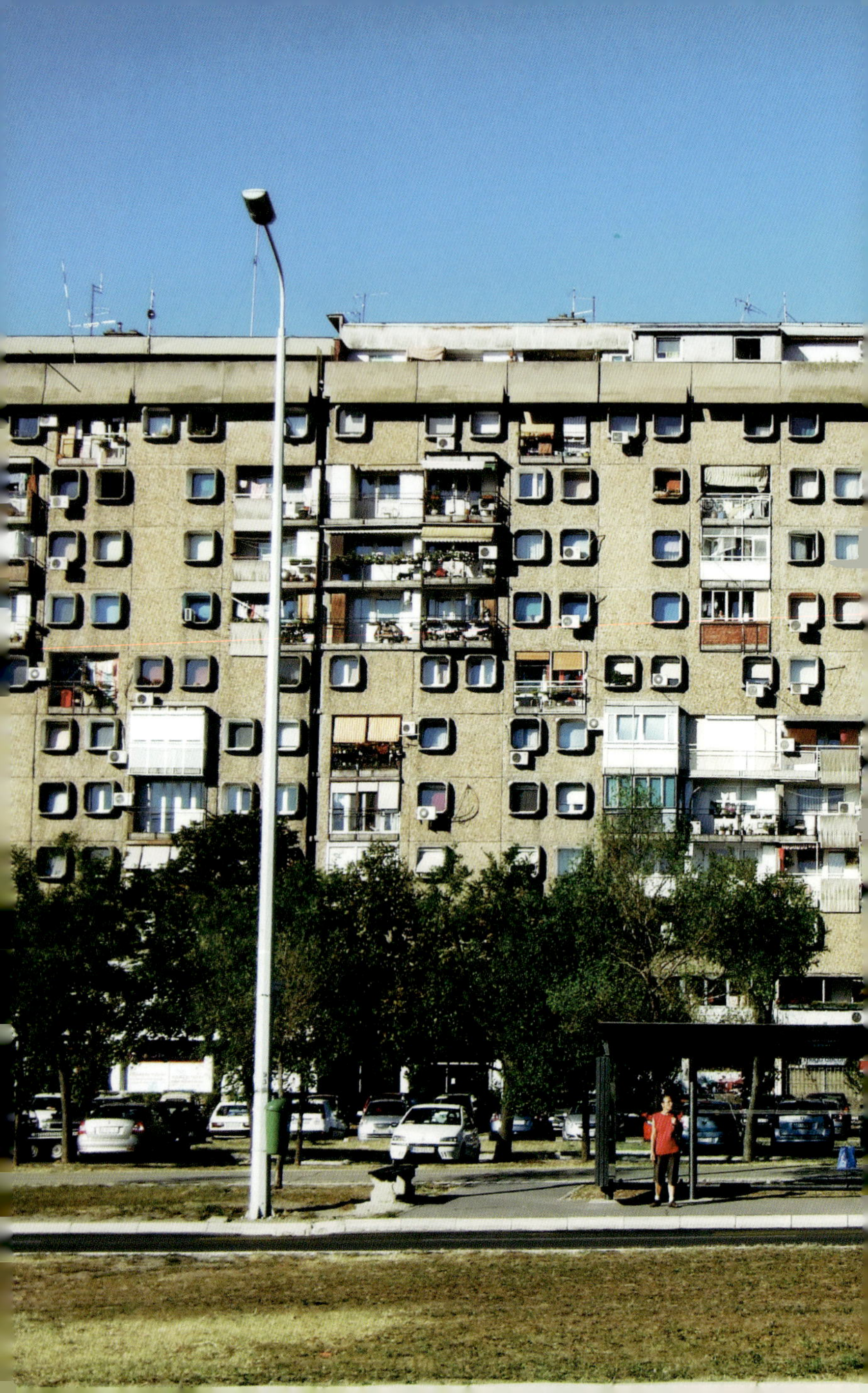

ブラウン管テレビのような窓が特徴的な団地、「テレビちゃん（Televizorke）」（新ベオグラード、ブロック28地区）。住宅団地には、このように形状などからあだ名が付いているものもあったり。（鈴木撮影、2011年）

「社会主義団地」が集中するスプリットの「スプリット 3（Split 3）」地区に並ぶ高層住宅と低層住宅（*Review,* 1975 年 11 月号, 18）

新ザグレブに広がる「社会主義団地」群（*Zagreb,* Zagreb, 1985, 230）

1970年代にスプリット3地区近くに建てられた団地、「巡洋艦（Krstarica）」(2008年)

ヴェレーニェの団地をより近くから。(*Review*, 1977年3月号, 20)

新ザグレブの住宅団地建設。こういうところは奉仕労働ではなく職人が活躍。(*Naš Tito,* 増補改訂版, Zagreb / Opatija, 1980, 187)

ティトーグラード（現ポドゴリツァ）の住宅団地 (*Review,* 1982年, 202号, 17)

プリズレン（コソヴォ）の新しい住宅と、対照的な古い家屋。荷馬の姿も見える。(1960年代) (*Review,* 1968年5月号, 9)

スロヴェニアのイェセニツェ（Jesenice）の新しい住宅団地と道行く人々（*Review*, 1973 年 4 月号, 44）

新たに建設中の住宅と奥に広がる団地群（新ザグレブ）（*Čudesna Jugoslavija,* Sarajevo, 1990, 241）

新ベオグラードのブロック61地区。(鈴木撮影、2009年)

同じくブロック61地区。(鈴木撮影、2009年)

中央写真の奥の団地を別の角度から。巨大な4棟がそびえる。（鈴木撮影、2010年）

新ベオグラードのブロック23地区（手前は「万里の長城」とも呼ばれたり）。（鈴木撮影、2011年）

右上写真の4棟の背後に見える団地を逆側から。（鈴木撮影、2009年）

近年建設された新しいマンション(手前右)と「社会主義団地」(前頁に登場したブロック23地区)の2ショット(鈴木撮影、2010年)

新ベオグラードのブロック63地区。階段型の団地が並ぶ。(鈴木撮影、2009年)

ブロック23地区の高層団地をより近くから。(鈴木撮影、2011年)

●「ユーゴ社会主義団地」の最高峰、ルード

「社会主義団地」のなかには高層ないし巨大なものも多くあるが、双方の意味で最大の規模を誇るのがベオグラード郊外にある「ルード（Rudo）」。名称は建築監督の出身地である東ボスニアの町ルードに由来し、またベオグラードの東端にあることから「ベオグラード東門」とも呼ばれる。1976年に完成し、高さ100メートル近くの28階建て。3棟あわせて1400世帯を収容する。（撮影：吉田正則、2012年）

完成当時のルード（*Review*, 1976年9月号, 17）

ルード3号棟の地下の入口。（鈴木撮影、2013年）

完成から37年後、今日のルード。
（鈴木撮影、2013年）

ルード2号棟の壁に描かれた落書きというかグラフィティ。なぜか日本がモチーフ…
（鈴木撮影、2013年）

(*Moderna srpska država 1804-2004: hronologija*, Beograd, 2004, 377)

●高層ビル「ゲネックス・タワー」

　「社会主義団地」のついでに高層ビルも紹介。新ベオグラードのブロック33地区に立つゲネックス・タワー（Geneks kula）。住宅団地ではなくオフィスビル（高さ115m、1980年完成）。ルードが「東門」なら、こちらはベオグラードの「西門」と呼ばれる。

現在のゲネックス・タワー（本頁写真はいずれも、鈴木撮影、2013年）

ベオグラードの「西門」たるゆえん。西はザグレブ方面に向かう高速道路（旧「友愛と統一高速道路」）の傍らにそびえる。

セルビア正教会と並んで。

ノヴァ・ゴリツァ——イタリアとスロヴェニアの国境に分断された街

　ノヴァ・ゴリツァ（Nova Gorica）はスロヴェニアの西の端、イタリア国境に位置する街である。国境をはさんだイタリア側にはゴリツィア（Gorizia）という街が存在しており、両者はかつて一つの街であった。しかし、第二次世界大戦後の1947年、街の中心に国境線が引かれ、街は壁によって二つに分断された。その結果、街の中心部はイタリア領に編入され、スロヴェニア側には郊外の湿地帯が残されるのみとなった。この野趣あふれる土地にノヴァ・ゴリツァ（新しいゴリツィア）と称した新市街の建設が計画された。ベルリンの壁ならぬゴリツィアの壁に分断された地に展開される、スロヴェニア版プロジェクトXといった趣である。

　新都市建設計画は、1947年、当時のスロヴェニア人民共和国建設大臣イヴァン・マチェク（Ivan Maček）の指揮の下で着手された。実際の都市計画を担ったのは建築家のエドヴァルト・ラウニカル（Edvard Ravnikar）。ラウニカルは、リュブリャナの都市建設にも携わったヨジェ・プレチュニク（Jože Plečnik）の弟子であり、ル・コルビュジェにも師事した。スロヴェニア現代建築を代表する存在として、のちに共和国広場や複合文化施設ツァンカリェヴ・ドム（Cankarjev dom）など、リュブリャナを代表する公共施設の設計で名を馳せることになるラウニカルであったが、当時はまだ40歳に達したばかりの若手建築家で、ノヴァ・ゴリツァの都市計画への参加は、彼の初期キャリアにおける重要な仕事の一つであった。

　都市建設は計画通り順調に進んだわけではなかった。都市建設の準備段階として、1947年の秋から幹線道路の敷設が実行に移されたが、戦争終結直後ということもあり、物的・人的・財政的なリソース不足をはじめとする多くの問題が当初より噴出した。この状況の打開に大きく貢献したのが青年労働活動（ORA）だった。「ロシア区画」と称される集団住宅群、市庁舎、高層ビル「ネボティチュニク（nebotičnik）」、文化センター、大型デパート「トゥルゴウスカ・ヒシャ（Trgovska hiša）」などが、ユーゴ全域から集まった若者たちによって、相次いで建設されていった。わずか3年後の1950年、かつての湿地帯には、およそ700人の住人が生活し、労働活動も開始されるまでに発展していた。

　ラウニカルの都市計画も当初から修正を余儀なくされ、彼が構想した網の目のような都市構成は残念ながら完成することはなかった。しかし、彼の構想の一つ、「公園の中の都市」計画の名残として、ゴリシュカ地方原産の草木を現在も市内に見ることができる。

　1950年代には、国家プロジェクトとしての都市建設は継続されず、ノヴァ・ゴリツァの発展は「双子」であるイタリア領ゴリツィアとの関係の中で追求されることになった。二つの街の間には国境が横たわっており、国境検問が行われていたとはいえ、西側との

ノヴァ・ゴリツァの街並み。(Review, 1977 年 11 月号 , 8)

良好な関係を維持していたユーゴスラヴィアの特殊な事情も手伝って、両都市間の交流は社会主義時代を通じて親密なものであった。

　スロヴェニアが独立してから、二つの都市を隔てていた壁は撤去され、さらにはスロヴェニアのシェンゲン協定加盟に伴い、国境自体も事実上存在しない状況となった。二つの街は、見た目の上では、イタリア人とスロヴェニア人が共に暮らす一つの街のような装いを呈している。（百瀬亮司）

完成当時のホテル・ユーゴスラヴィア（写真はいずれも、*Review*, 1970 年 5 月号 , 46）

ホテル・ユーゴスラヴィア――世界のVIPも宿泊したかつての最高級ホテル

　新ベオグラードの、サヴァ川がちょうどドナウ川に合流するところに位置するウシュチェ（Ušće）。湿地帯を埋め立てたこの区域は、第二次世界大戦後、ベオグラードの新市街建設における最初の開発地となり、3 つの重要な建造物が建てられた。ひとつは、連邦執行会議（Savezno izvršno veće）（連邦政府）が置かれた「連邦執行会議ビル」（通称「SIV」シーヴ）。もうひとつが連邦の党中央委員会が拠を構えた高層ビル、ユーゴスラヴィア共産主義者同盟中央委員会ビル、（通称「CK」ツェーカー）。そして 3 つめが、ホテル・ユーゴスラヴィア（Hotel Jugoslavija）である。

　国家の名前を拝した唯一のホテルは、首都を訪れる国賓や高官など、いわゆる VIP のための文字どおりの最高級ホテルとして設計され、開業した 1969 年当時、ユーゴスラヴィア最大規模にして最新鋭の設備を備えた。宿泊客には、ニクソン大統領やエリザベス

2世からティナ・ターナーやニール・アームストロングなど、世界の名立たる大物がいる。また国内の著名人も利用し、例えばサッカーのユーゴスラヴィア代表など、代表チームの定宿でもあった。

ホテルが完成したのは1967年。ただこれは、他の2つの「SIV」(1959年)と「CK」(1964年)の竣工年に比べて少し遅れている。

いずれの建設計画も、1947年に始まった第一次五カ年計画(1947〜1951年)のもとに着手されたウシュチェ開発の一環として進められたが、全体の工程は、1948年のユーゴスラヴィアのコミンフォルム追放に伴うソ連と東欧諸国からの経済封鎖のあおりを受けて大きく難航した。そのため、最終的にホテル・ユーゴスラヴィアとなったビルの建設作業は1949年に途中で中断され、61年に再開されるまでの10年以上の間、建物の基礎と鉄筋部分はそのままに放置されることになる。庶民のあいだでは、元々はコミンフォルムの本部ビルとして計画された(事実、追放されるまでコミンフォルムの本部はベオグラードに置かれていた)などの憶測が飛び交ったが、実際に建設計画の見直しが行われたのは確かなようで、新たな計画のもとに工事が再開された。

1990年代初め、ユーゴスラヴィアが解体を迎えたとき、名実ともに国家と一時代を共にしたホテル・ユーゴスラヴィアは、国家と同じ命運を辿ることなく残った。だが、かつての華やかな面影は徐々に色褪せ、1999年にはNATO空爆によって建物が部分的に損傷し、営業を停止。その後2000年代に入って、一部の施設を使ってカジノが細々と営業されていたが、それも続かず、いつしか老朽化した廃ビルがそのまま残るのみとなった。しかし2010年のギリシア資本による買収を経て、近年は、高層ビルを新たに配した複合商業施設への一大改修が計画され、2013年12月からは、およそ10年の空白を経て、一部の階を利用したホテル営業が再開されている。屋号は今も変わらず、「Hotel Jugoslavija」である。(鈴木健太)

ホテル内の高級バー

「ジェルダップ第1」のダム建設作業（*Review*, 1969年11月号, 9）

「ジェルダップ」――ティトーとチャウシェスクの「共作」による水力発電ダム

　社会主義期には、共産党政権が大々的に進めた工業化とともに、ユーゴスラヴィアの各地域で新市街、鉄道、高速道路、工場などのインフラ施設が整えられていったが、そうした「箱物」公共事業としては水力発電所の建設も挙げられる。1940年代後半から50年代前半にかけ、ヤブラニツァ（Jablanica）、ズボルニク（Zbornik）（以上、ボスニア・ヘルツェゴヴィナ）、マヴロヴォ（Маврово）（マケドニア）、ヴラシナ（Vlasina）（セルビア）、ヴィノドル（Vinodol）（クロアチア）といった国内各地の山間部に、河川を利用した水力発電設備が建てられていった。その際、土木工事の肉体労働を支えたのは、ここでも青年の奉仕活動である（「青年労働活動（ORA）」）。

　1960年代に入って、より大きな規模で建設が着手されたのがジェルダップ（Đerdap）（セルビア）。首都ベオグラードから西におよそ200km、ルーマニアとの国境の一部をなすドナウ川が急激に蛇行して峡谷を形成する地域に、その川水を利用した発電施設がつくられた。ここは、川沿いに切り立った崖が100km以上も続くヨーロッパ最大級の渓谷として知られ、景勝地としても有名（その景観からルーマニア語などでは「鉄門（Porțile de Fier）」と呼ばれる。「Đerdap」の意味は「急流」）。工事は1964年から6年がかりで行われ、幅1,278mにおよぶ長大な堰堤が完成した。周辺の沿岸地域や近隣の町開発を含めると、事業全体はそれ以上の年月に渡り、専門の技師や作業員のみならず、毎年

建設作業の視察に訪れたティトーとチャウシェスク（1969 年）（同 , 9）

「青年労働活動」の一団が組織されて、志願する若者が湿地の整備、作業員用の住宅建設やその他インフラ施設の設置のための労働力として活躍した。

　国境河川にまたがる「ジェルダップ」の建設は、お隣のルーマニア政府との共同事業でもあった。1948 年のコミンフォルム追放を機にユーゴスラヴィアはソ連圏と袂を分かったものの、ルーマニアとの関係は東欧諸国のなかでも比較的良好であり、ティトーとチャウシェスクも個人的に親しい間柄にあった。ユーゴスラヴィア、ルーマニア側にそれぞれ平等に 6 基の発電機を備えて国境に架かる巨大な堰堤は、当時では世界的にも規模の大きい水力発電施設であり、2 つの社会主義国の友好と威信を表すまたとないシンボルとなった。1972 年 5 月 16 日の運転開始時には、ティトーとチャウシェスクを筆頭に両国の要人が堰上に集まり、盛大に記念式典が開かれた。

　この「ジェルダップ第 1」、そして 1984 年に川のもう少し下った地点に建設された「ジェルダップ第 2」の 2 つの水力発電所は、現在もルーマニアとセルビアの電力供給源となっている。（鈴木健太）

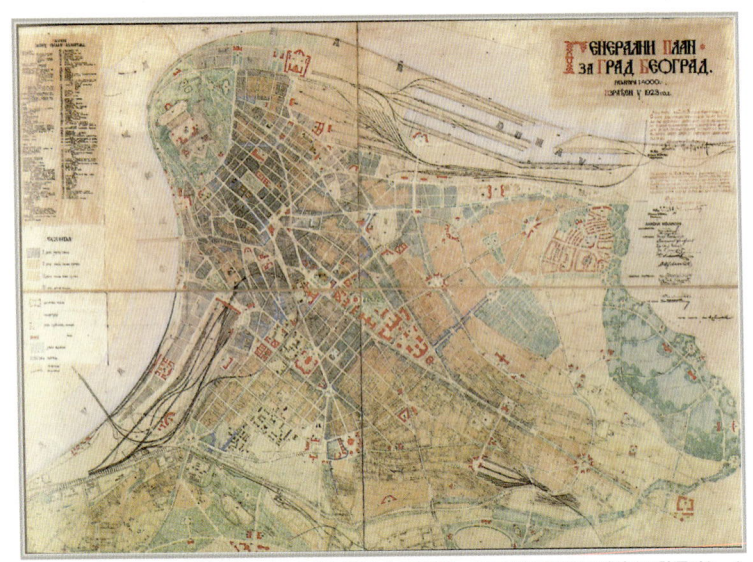

1923 年のベオグラード市都市計画。右上のドナウ駅と左の河川沿いの中央駅を地下鉄で連結する計画があった。
(Beograd u mapama i planovima od XVIII do XXI veka = Belgrade Maps and Plans from the 18th - 21th Century, Beograd, 2008, 20)

地下鉄計画──初期段階も達成できずに潰えた計画倒れの一大事業

　欧州の諸都市には地下鉄が敷設されていることが多いが、ユーゴスラヴィアには地下鉄と呼べる交通機関は存在しない。社会主義ユーゴスラヴィアの首都であったベオグラードには、現在、市内の「ヴーク記念碑」駅を中心に地下を鉄道が走っているものの、これは郊外と市内をアクセスするもので、地下鉄というよりはドイツのＳバーンに近い。

　しかし、首都ベオグラードに地下鉄を敷設する計画は、第二次世界大戦以前から繰り返し現れていた。第二次世界大戦で市内交通の要であった路面電車の路線が大きな損害を受けると、その代替としてトロリーバスの設置と、地下鉄の建設計画がすすめられた。

　1960 年代になると、ベオグラード市内を結ぶ都市型地下鉄の建設計画が具体的に提出された。1968 年の計画では、街の中心部にあるテラジエ広場 (Terazije)、スラヴィヤ広場 (Slavija)（当時の名称はディミトリイェ・トゥツォヴィチ (Dimitrije Tucović) 広場）、タシュマイダン公園 (Tašmajdan) を結ぶ三角形を中心に 3 つの路線を建設し、新市街（新ベオグラード）を含めたサヴァ川の両岸を結び付けることになっていた。

　1970 年代には、ベオグラード中央駅の移設と、それに伴った鉄道網の全面的な見直しが計画された。駅舎の移設は、ベオグラード市長に対して、ティトー自らが命じたものであり、並行して 1976 年には改めて地下鉄計画が練り直された。新しい駅舎は移設先

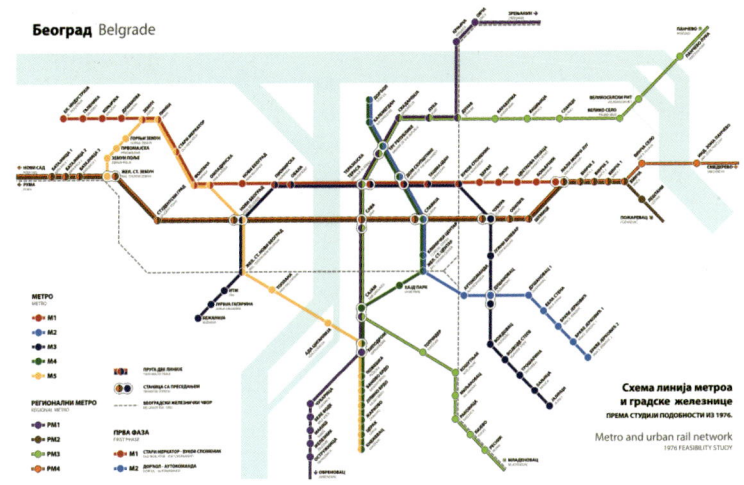

Београд Belgrade

1976 年計画。5 本のメトロと 4 本の S バーン、計画だけは肥大化していく。http://commons.wikimedia.org/wiki/File:Beogradski_Metro.svg（作成：Dzordzm 氏 , CC BY-SA 3.0）

の場所の名前からプロコップ（Prokop）（溝、塹壕）と呼ばれ、位置が不適切であることが当時から指摘されており、現在においても工事中である。

地下鉄計画に関しては、1981 年に最終的な計画が確定された。全体の第一フェーズとして、カレメグダン公園（Kalemegdan）〜アウトコマンダ（Autokomanda）ならびにメルカトル（Merkator）〜ヴーク記念碑（Vukov spomenik）を結ぶ、総延長 14 キロの敷設が計画された。この計画は 7 億ドルの資金を予定した壮大なもので、1982 年にベオグラード市議会に提出されたものの、当時の経済状況と政治状況を鑑みると実現は困難であった。方々から募った資金で 2 台の掘削機が購入され、鉄道用の鉄橋もサヴァ川に架けられたが、当初計画の初期段階の 8 割が完了したところで資金が底をついた。ユーゴ唯一の地下鉄計画は、こうして実質的に終わりを告げた。現在においても、サヴァ川の鉄橋には地下鉄計画の名残を見ることができる。

以降は、ベオグラードの都市交通に関しては、現存する S バーン型近郊電車の拡張計画は存在するものの、都市内の交通に関しては基本的には路面電車とトロリーバスの拡張によって担われている。ひたすら計画に終始した結果として、旧ユーゴスラヴィア諸国には都市型地下鉄は一本も存在しておらず、都市交通網の安定性を欠く状況を招いている。
（百瀬亮司）

スコピエ地震——破壊された街の再建を担った丹下健三らの都市計画とその「遺産」

　日本が地震大国であることはユーゴスラヴィア諸地域でも知られているが、この地域がヨーロッパのなかでは地震の多い地域であることはおそらく意外に知られていない。ヨーロッパの地震はほぼ地中海東部地域に限られ、そのなかでもとくにイタリア、またその隣のアドリア海沿岸、バルカン半島南西部は昔から地震の被害をしばしば受けている。

　と、その辺りにちょうどかかってくるのがユーゴスラヴィアの領域であるが、実際、この地域では社会主義時代に比較的規模の大きな震災が幾度か生じた。1963年7月26日のスコピエ（マグニチュード6.0）、1969年10月26、27日のバニャ・ルカ（ボスニア・ヘルツェゴヴィナ）（同6.0、6.4）、1979年4月15日のモンテネグロ沿岸（同6.9）などである。

　マグニチュードだけを見るならそれほど規模は大きくないが、地震大国ではないので地震慣れしているわけでないし、地震対策も（日本と比べれば）どう見たって十分であるとは言い難い。とりわけ、1963年にスコピエ市街を直撃した地震は、1,000人以上の死者と3〜4千人の負傷者を出し、12万人以上が住居を失うなど、ユーゴスラヴィア時代で最大の自然災害となった。当時のスコピエの人口がおよそ20万であることを考えても被害の大きさが窺える。人的被害に留まらず、建物の80%が破壊されたという数字もある。

　スコピエの震災では、地震直後から国内だけでなく海外からも国連を中心に、救援物資や義捐金、医療や建築・土木の援助など各種の支援活動が積極的に組織された。80以上の国々との「連帯」のなかで街は復興に向けて歩みを進め、深刻な被害を受けた都市の再建も1965年から着手され

スコピエ地震直後、最初に救助活動に駆けつけたユーゴスラヴィア人民軍の兵士（*Review*, 1963年特別号, 38）

ていく。国連の主導で行われた都市計画のコンペでは、当時、国際的に知られた建築家であった丹下健三のチームが一等に選ばれた(より正確に言うと、賞金は丹下チームとユーゴスラヴィアの建築家チームで6対4に分配された)。地震によって破壊された300ヘクタールにも及ぶ市街地は、丹下らの都市計画を中心に、近代的な都市へ「再生」を遂げていくことになる。

被災者救援に飛んだソ連の輸送機(同, 39)

そこで再建された多くの建築物は、ブルータリズムの影響を受け、現在の国立銀行や中央郵便局など、ある種独特の雰囲気の建物が、今も市内に立ち並ぶ。一見ヘンテコな形だったり、無機質でゴツく見えるこれらの建造物は、単純に社会主義期の「遺物」というよりは、「世界のタンゲ」が関わった「遺産」であるとも言えよう。

もっとも、都市の再建は、丹下チームの都市計画をそのままに採用というわけでなく、市の当局が実際の計画を他の計画案も参考にしながら策定する形で進められたようである(個々の建物のデザインも基本的に現地に任された)。そのため、当局と建築家チームの協同作業のなかで、丹下チームの元来の壮大なマスタープランも未完に終わり、また再建計画自体もその後の資金面の問題などで当初の計画通りというわけにはいかなかった。とはいえ、丹下らの日本チームも加わった再建計画が震災後の復興を担い、新たに都市をつくり変えた事実だけは、今日のスコピエの街並みにしっかりと刻印されている。

——そして近年、スコピエでは、「スコピエ2014」と銘打った新たな都市計画が着手され、官公庁などの建物の改修や大量の銅像・記念碑の設置が大規模に進められる。少なくとも建築関係においては、ユーゴスラヴィア地域でなかなかの異彩を放つ街である。(鈴木健太)

早急にスコピエ市内を回り、緊急の対処を検討するティトー(右から3人目)とマケドニア共和国政府の面々(同, 37)

083

●震災後のスコピエ再建と都市計画が残した建築「遺産」群

震災後、新たにつくられた市内中心のショッピングセンター（*Review*, 1973 月 7-8 月号, 28）

写真のように、スコピエ再建の計画では、近代的な住宅やビルの建設が進むとともに、震災後の広大な敷地をもとに、空間的に開かれた都市づくりが目された。（*Review*, 1973 月 7-8 月号, 28）

復興を歩むスコピエの全景（1965 年）。（*Review*, 1965 月 12 月号, 21）

1970年代初頭のスコピエ市街。
(*Review*, 1971月4月号, 26-27)

34か国の援助を受けて建設された「ユニヴァーサル・ホール（Универзална сала）」。現在もコンサートなど多数のイベントが催される。(*Review*, 1965月12月号, 25)

シーソーで遊ぶ親子と真新しい団地
(*Review*, 1971月4月号, 26)

崩壊したスコピエ旧鉄道駅と地震発生の午前5時17分で止まった時計（1965年）。どちらも震災の象徴として保存された。(*Review*, 1965月12月号, 24-25)

地元民にもヘンテコで知られる中央郵便局
（本両頁、特定の出典を設けない限り、いずれも、鈴木撮影、2013 年）

同大学の建物、正面入口付近　　　同大学の講義棟

現在のスコピエ「聖キュリロス・聖メトディオス」大学（2013 年）

スコピエの新鉄道駅

かつてのマケドニア共和国銀行（現在、国立銀行）

50年後も午前5時17分を刻む、旧鉄道駅の時計

震災後に再建された、スコピエ「聖キュリロス・聖メトディオス」大学（1982年）（*Review*, 1982年, 201号, 4）

ベオグラードにて（鈴木撮影、2014年）

★ 乗りもの

ユーゴ45——アメリカにも輸出された社会主義ユーゴスラヴィアの「国民車」

　ユーゴスラヴィアの「国民車」を一つ挙げるとすれば、やはり「ユーゴ45」ということになるだろう。ユーゴスラヴィア最大の自動車企業ザスタヴァ社が、1980年にフィアット社からライセンスを得て生産を始めた「ユーゴ45」は、国内向け、輸出向け、排気量の違いなどに応じて「ユーゴ45」のほか「ユーゴ55」やら「ザスタヴァ・コラル」やらいろいろなモデル名が付けられていたが、外見は皆同じで、「ユーゴ45」あるいは単に「ユーゴ」として良く知られている。このコンパクトカーに、大柄なユーゴスラヴィアの人々がこぢんまりと収まる様は、なかなかコミカルである。

　このユーゴ45、1980年代には欧米にも輸出されていた。ユーゴスラヴィ

リュブリャナの街角で。（山崎撮影、2011年）

「ユーゴ」の公道レース（Đ. Đenić, *Moj svet brzine: 40 godina novinarstva i automobilskog sporta*, Beograd, 2008, 184）

コンパクトな「ユーゴ45」なら駐車も楽々（山崎撮影、2011年、ベオグラード）

サラエヴォの街でも健在（山崎撮影、2011年）

ア自動車産業にとっては輝かしい世界進出だったが、品質が評価されたのではなく、超格安車として言ってみれば「自転車代わり」に売られたのであった。とりわけ、1980年代半ば以降は、アメリカの「自動車輸入王」マルコム・ブリックリン（Malcolm Bricklin）の手によって、アメリカ市場に輸出された。販売を担った「ユーゴ・アメリカ」社の役員には、元駐ユーゴ大使で、その後ブッシュ（父）政権で国務長官を務め、ユーゴ政策にも関わることになるローレンス・イーグルバーガー（Lawrence Eagleburger）も名を連ねていた。この人物、ユーゴ紛争当時は、セルビア寄りのスタンスを疑われ、「アラビアのローレンス」をもじって、メディアに「セルビアのローレンス」と揶揄されたりもした。

アメリカでの価格を前面に出した販売広告。

「ユーゴ・フロリダ」の運転席
(*JAT Review*, 47（1989）, 82)

　アメリカでこの車は、当時破格の3,990ドルという価格で売り出され、上々の売れ行きを記録したが、不良や故障の多さから同時に「史上最悪の車」の称号でも呼ばれることになってしまった。ある消費者雑誌には、「新車のユーゴを買うくらいなら、何であれ中古車の方がまし」とまで酷評された。ちなみに1995年のハリウッド映画『ダイ・ハード3』にも、注意深く見ていると「おんぼろ車代表」として出演を果たしている。

　このユーゴ45、イギリス輸出向けには右ハンドル車もあり、また1980年代末には

JAT-om za Ameriku — With JAT to America
YUGO FLORIDA

アメリカへの空輸を待つ新モデル「ユーゴ・フロリダ」(*JAT Review*, 39 (1988), 7)

　オープンカーの「ユーゴ・カブリオ」も発売された。1988年には、「史上最悪の車」の汚名を返上すべく、ザスタヴァ社から新モデル「ユーゴ・フロリダ」も売り出された。アメリカの地名を取って「フロリダ」と名付けられたのも興味深い。しかしユーゴ45の世界進出は、1990年代にユーゴスラヴィアが解体し紛争が始まると、瞬く間に「過去の夢」と化してしまった。1990年代には生産も激減し、ただでさえ低かった品質もさらに低下した。ユーゴ45は、紛争の後も細々と生産が続いていたが、2008年に最後の1台が作られて生産が終了した。

　かつては「国民車」として、ユーゴスラヴィアのどこに行っても走っており、景観の一部になっていたユーゴ45であったが、継承諸国の路上からはますます少なくなりつつある。特にスロヴェニアやクロアチアでは、見つけるのもなかなか骨が折れ、一抹の寂しさも感じる。しかしユーゴ45は、社会主義ユーゴスラヴィアの「黄金の1980年代」を象徴する存在でもある。1998年には、ボスニアのロックグループ、ザブラニェノ・プーシェニェ（Zabranjeno pušenje）（禁煙）が、そのものずばり「ユーゴ45」という曲を発表した。この曲は、ピラミッドをはじめとする世界のあらゆる奇跡より、中庭に駐車されたユーゴ45に象徴される民族共存の姿こそが素晴らしいものであったと歌い、ノスタルジーを感じる多くの人々の共感を呼んだ。社会主義ユーゴスラヴィアの国民車としてのユーゴ45は、ノスタルジーを感じる人々の心の中をこれからも走り続けることだろう。（山崎信一）

ナンバープレート——知られざる国家のシンボル

社会主義時代のナンバーには赤い星（鈴木撮影、2009年）

　ある国が「独立」を宣言し、国家としての体裁を整えようとする時には、国旗や国章、国歌などのシンボル、あるいは紙幣や硬貨などのお金が新たに導入される。実は、自動車のナンバープレートもまた、そのような「国家のシンボル」のひとつである。

　社会主義時代のユーゴスラヴィアの自動車ナンバープレートは、ヨーロッパに共通する横長のもので、左側に地名の略称2文字、そして社会主義の象徴である赤い星があり、その右に数字で番号があるというものだった。地名は、ベオグラードが「BG」、ザグレブが「ZG」、ティトーグラードが「TG」、ノヴィ・サドが「NS」などと音節や単語の最初の文字を組み合わせたものもあり、またリュブリャナの「LJ」、サラエヴォの「SA」、プリシュティナの「PR」のように地名の最初の2文字を取っているものもあった。ただ、略称が重なるわけにはいかず、スプリットが「ST」など少し苦労のうかがえるものもある（「SP」はスラヴォンスカ・ポジェガ(Slavonska Požega)）。どの略称がどの都市に当たるのかは広く知られており、例えばリュブリャナで「SK」のナンバーを付けた車を見かければ、「スコピエからはるばるご苦労さん」と思われたことだろう。外国に自動車で旅行する際には、車に楕円形の国名の略称を記したステッカーを貼る必要があったが、ユーゴスラヴィアのステッカーは、「YU」の2文字だった。「赤い星」入りのナンバープレートを付けたユーゴスラヴィアからの車が、大挙して資本主義の隣国であるイタリアやギリシアを走っていたというのもなかなか面白い光景だっただろう。

　1990年代初頭、ユーゴスラヴィアが解体する過程で独立した国々は、新国家を象徴づ

クロアチアのナンバープレート（山崎撮影、2011年）

ける意味も持つ新たなナンバープレートを導入した。赤い星はもちろん捨て去られ、それに代わって新しいシンボルがナンバープレートを飾ることになった。クロアチアのナンバーには市松模様の国章が、スロヴェニアのナンバーには各自治体の紋章が、ボスニアのナンバーには青地に百合をあしらった国章が、マケドニアのナンバーには国名の略称がキリル文字で記されることになった。マケドニアのナンバーはその後、国名の略称が、マケドニアの国名を認めないギリシアとの間で問題になり、地名とナンバープレート末尾のアルファベットを赤地にキリル文字で表記する形に改められた。各国の独立により、取り残されたセルビアとモンテネグロ（両者でユーゴスラヴィア連邦共和国を構成）では、しばらくは社会主義時代の赤い星入りナンバーが使われたが、その後「青・白・赤」の小さな横三色旗（ユーゴスラヴィア連邦共和国の国旗）に変わり、さらにはセルビアとモンテネグロのそれぞれの国章に取って代わられた。ただほとんどの国で、社会主義時代に定着した2文字の略称は、ほぼそのまま用いられ続けている。

クロアチアとボスニアにおける1990年代の紛争中は、クロアチア領内の「クライナ・セルビア人共和国」、ボスニア領内の「セルビア人共和国」と「ヘルツェグ・ボスナ・クロアチア人共和国」といった「未承認国家」が生まれたが、いずれも独自のナンバープレートを導入し、「国家」としてのアピールの一手段とした。ボスニアでは、紛争終結後、ナンバープレートの地名表記は地域間、ひいては民族間の対立につながるものとして廃止され、まったく地名の略称の入らない新しいナンバープレートが導入されている。同じ原則は、国連統治下のコソヴォにも適用されていたが、独立後には2桁の数字で地域を表し、国章を入れた新しいナンバープレートが使われ始めている。（山崎信一）

ボスニアのナンバープレート。どの地域かは全く分からない（山崎撮影、2011年）

モンテネグロのナンバープレート。「PG」は首都ポドゴリツァ（山崎撮影、2011年）

コソヴォの新しいナンバープレート。「01」はプリシュティナ地域を指す（山崎撮影、2011年）

ハンドルを少し反らしてポニーの「ヤンキー乗り」!?（左）。右は他社の自転車。
(*Review*, 1978 年 7-8 月号, 25)

人力共産主義車「ポニー」──懐かしまれ、乗り継がれる小径の自転車

　社会主義時代を象徴する「車」と言えば、南スラヴ人のあいだではザスタヴァ社の自動車と相場は決まっているが、二輪の「人」動車の方も紹介しないわけにはいかない。

普通の自転車と並んでポニーも駆ける！（中央手前）
(*Review*, 1977 年 3 月号, 7)

　その名も「ポニー（Pony）」（英語そのままで小型の馬の意）。スロヴェニアはリュブリャナの「ログ（Rog）」社が製造した自転車で、庶民の身近な乗り物として活躍した。この時代に狙ったのかどうかはよく分からないが、太いタイヤと小ぶりの車輪に曲線形のボディがなんともコミカルな佇まいを醸し出す。日本でも近年、「ミニベロ」のような小径の自転車で街や郊外をポタリングする人を見かけるようになって久しいが、ユーゴ人はその当時からこのポニーに文字どおり跨って、近所を「コキコキ、ギコギコ」走っていた。

　とくに1970年代にはひとつのブーム

今も現役！、公園の脇に駐輪されたポニー（2011年、ザグレブ）（ブログ「Nepoznati Zagreb」、http://blog.dnevnik.hr/nepoznatizagreb/2011/07/1629375791/font-colorcc0000p-voli-nyfont.html, 撮影：Vanja Radovanović)

車体に記されたポニーのロゴ（出典および撮影：上に同じ）

となり、ポニーに乗りし追憶の日々は、ユーゴスラヴィアの「最盛期」であったこの時代と重ねられて、今も懐かしまれる。おそらくガタイがよくてゴツいバルカンの男たちも窮屈そうに乗っていたにちがいないが、子どもや女性が乗ることが多かった。父ちゃんは愛車「ザスタヴァ」の手入れや改造にいそしむ一方、子どもは買ってもらったポニーで近所を遊び回り、母ちゃんは家で昼食の準備をする。そんな光景は当時の平凡な休日の一風景であった。

　今日でもポニーはユーゴスラヴィア諸国でたまに見かけることができる。ユーゴノスタルジー愛好家の収集アイテムのひとつとなったり、いまだに現役で走っていたり。ただ、ポニーの生産が中止されてから久しく、中古以外で入手するのは難しい。誰かに譲ってもらうか、倉庫で埃をかぶって眠っているものを引っ張り出してくるか、現地のネットのオークションを利用するかくらいの方法しかない。1950年代に創業され、以後長らく国内最大の自転車メーカーだった製造元のログ社にしても、社会主義体制の終焉とスロヴェニアが独立する1990年以降に経営が悪化し、売却されるなどした。ポニーの生産を担ったリュブリャナ川沿いの工場も1990年代に閉鎖され、その施設は現在、コンサートやアート展示など、多目的のイベント空間として利用されている。（鈴木健太）

ザグレブの中心街を走る旧式の路面電車（M-24）（*Zagreb,* Zagreb, [1976]［頁数記載なし］）

チンチン電車——クロアチアの国産車両に割って入るチェコスロヴァキア車両「タトラ」

　第二次世界大戦以前、路面電車はユーゴスラヴィア地域の主要な都市で公共交通の主力として用いられていた。だがかつての日本がそうであったように、1950年代後半から60年代にかけて自動車が庶民のあいだに普及してマイカーが一般的になるに伴い、「チンチン電車」は各地の路面から姿を消し、代わりにバスが主力となった。1958年にはリュブリャナ、ノヴィ・サド、ニシュ（Niš）で相次いで撤廃され、そのまま存続したのはベオグラード、ザグレブ、サラエヴォ、オシイェク（Osijek）（クロアチア）、ドゥブロヴニク、

戦前に製造され、1970年代まで走行したM-24（ザグレブ）(N. Staklarević, *Prometna sredstva: katalog stalnoga postava*, Zagreb, 2009, 168)

ユーゴスラヴィア国産車両第1号 TMK 101（ザグレブ、2000年代初頭）

TMK 201（ザグレブ、2013年、鈴木撮影）ザグレブの都市交通は基本、青で統一されている。

タトラT3（プラハ、2007年）
http://commons.wikimedia.org/wiki/File:Tram_Tatra_T3_Praha_6102.jpg (CC BY-SA 3.0)

スボティツァ（Subotica）（ヴォイヴォディナ）の6都市。最後の2都市も1970年代には廃止された。しかし、それ以外の街では今日まで市民の足として利用される。

　路面電車といえば、ソ連・東欧の社会主義諸国では、チェコスロヴァキアの国営企業「ČKDタトラ」が製造した車両（通称「タトラカー」）がだいたいどこでもお馴染みであった（現在もプラハなどの都市ではその改良型が現役で走る）。ほとんどの東欧諸国が加盟したソ連主導の経済相互援助会議（通称「コメコン」）の域内では、主に工業部門の生産における分業、専門化、協業化が計画的に行われており、チェコスロヴァキアはそのなかで「チンチン電車係」を担った。だが、ユーゴスラヴィアはコミンフォルムから除名され、コメコンにも当然加盟していない。各地の路面電車は、戦前からの古い車両が引き続き使われるか、あるいは国産車両が導入された。その開発を担ったのは、戦前からM-24を製造していたザグレブ市の路面電車を主とする交通局「ZET（Zagrebački električni tramvaj）（ザグレブ路面電車）」。1951年に設計されたTMK 101は、同じくクロアチアのスラヴォンスキ・ブロード（Slavonski Brod）の各種車両製造企業「ジューロ・ジャ

タトラK2（サラエヴォ、2008年）
https://www.flickr.com/photos/martijnmunneke/2645731688/in/set-72157606024420868/
（撮影：Martijn Munneke, CC BY 2.0）

タトラKT4（ベオグラード、2008年、鈴木撮影）

コヴィチ（Đuro Đaković）」社によって57年から生産が開始され、ザグレブ、ベオグラード、オシイェクで運用された。60年代には、後継モデルとしてTMK 200、70年代にはTMK 201が登場する。

だが、純国産のTMKシリーズはこれ以上続かなかった。ソ連圏との関係が「雪解け」に向かい、1964年からユーゴスラヴィアがコメコンにオブザーバー国として参加するようになると、国内には共産主義チンチン電車の

王道「タトラカー」が入ってくるようになる。その最も有名なモデル、タトラT3は60年代後半からオシイェクに、同じ頃ベオグラードにはその後継車両タトラT4、またサラエヴォには70年代初頭にタトラK2が導入された。国産車両のお膝元のザグレブでも、1977年にZET社が先の「ČKDタトラ」と契約を結び、タトラT4が走行し始める。80年代には、当時の最新型タトラKT4がザグレブとベオグラードに投入され、こうして国内は国産のTMK系車両とタトラカーが併用される時代に入っていくが、次第に後者が主力を占めていった。

一般に路面電車の寿命は長く、20〜30年使われることも珍しくないため、これらのタトラカーは、一部は改修・改良されて、現在も上述の4都市を走る。逆にTMK系は既に寿命を迎え、目にすることも少なくなった。しかしユーゴスラヴィア解体後の1990年代以降、ザグレブでは再び国産車両の生産が着手され、「コンチャル（Končar）」社による新たなTMK系モデル、TMK 2100が登場した。今日「ZET」社が運用する最新の車両はTMK 2200（およびその後継TMK 2300）。ずんぐりとした形が印象的な、西欧諸国でもよく見られるモダンな低床式のタイプである。（鈴木健太）

タトラT4（ザグレブ、2013年、鈴木撮影）

TMK 2100（ザグレブ、2007年）http://commons.wikimedia.org/wiki/File:Tip_2100.jpg（CC BY 3.0）

最新型車両 TMK 2200（ザグレブ、2013年、鈴木撮影）

ベオグラード市交通局の車庫でひと休みする緑のタトラT4（1970年代）（*85 godina javnog gradskog saobraćaja u Beogradu*, Beograd, [1977?], 56）

ベオグラード市内を走る緑の国産TMK 201（1970年代初頭）（*Review*, 1972年11-12月号, 23）

市交通局のまた別の車庫。後述のバスやトロリーバスとともに、ベオグラードの都市交通の「三兄弟」が一同に集結！ ザグレブの車両が青色の一方で、こちらは1970年代当時、緑色に統一されていた（青い車両も見えるが……）。（出典：左に同じ）

路面電車を製造するジューロ・ジャコヴィチ社の工場（*Review*, 1971年3月号, 19）

ジューロ・ジャコヴィチ社を特集する『Review』誌。写真は同社の鉄道車両。（*Review*, 1968年4月号, 表紙）

レイランド社の「ワールドマスター」。1970年代末に現役を終えてから、幸運にも廃車を逃れ、現在ベオグラード市交通局に保存される唯一の車両。（写真提供：www.autoslavia.com、撮影：Miloš Nikodijević、ベオグラード、2014年）

バス――英国はレイランドから、国内最大の「TAM」、そしてユーゴの「イカルス」まで

　ユーゴスラヴィア地域において、バスが都市部の公共交通の手段として登場するのは1920年代後半から。ただ、当時はまだ先輩格の路面電車の方が主流であった。バスが本格的に庶民の移動の中心となっていくのは社会主義ユーゴスラヴィアの時代。とりわけ1950年代後半から1960年代にかけて到来したモータリゼーションの波と重なる。多くの主要都市では、路面電車用の軌道が姿を消す代わりに、バスの路線網が拡充・拡張されいく一方、小都市の都市交通はそもそもバスが頼りであった。また都市間の輸送は、とくに鉄道網の発達していない地域において、バスが主軸となり、各地にバス会社が設立された。こうして1970年代以降、ユーゴスラヴィアにおける公共交通の乗り物の主役は、それまでの鉄道からバスへと移っていくことになる。

　当初、国内にバスの製造企業は存在せず、車両を担ったのは西欧から買いつけた「外車」のみ。中古車も多かった。コミンフォルムからの追放を経てソ連・東欧諸国の経済封鎖を受けた時期に、その輸入先のひとつとなったのはイギリス。ザグレブやサラエヴォでは1950年代に同国の商用車メーカー「レイランド（Leyland）」社の中古二階建てバスが走っていたし、60年代のベオグラードのバスを飾るのは、同じくレイランド製の緑の「ワールドマスター（Worldmaster）」である。

　だが、バスの需要が高まるとともに、ユーゴスラヴィアでも国産車の製造がはじ

まっていく。マリボル（Maribor）（スロヴェニア）の「TAM（Tovarna avtomobilov Maribor（マリボル自動車工場）」社、ザグレブの「TAZ（Tvornica autobusa Zagreb）（ザグレブバス工場）」社、1979年までは「Autokaroserija Zagreb（ザグレブ自動車車両）」）、ゼムン（セルビア）の「イカルス（Ikarus）」社などの車両製造企業において、基本的には西欧の自動車メーカーのライセンス譲渡に基づいて各種車両が生産された。提携先は、TAM社がヴォルヴォ、TAZ社がメルセデス、イカルス社は「MAN」（独）といった具合である。各社のなかで最大のシェアを誇ったのはTAM社。トラック製造でも知られる同社は、80年代には従業員8,000人を抱える大企業であり、ユーゴスラヴィアの各都市にバスを提供するだけでなく、ポーランド、ドイツ、デンマークといった海外にも輸出した。また「非同盟つながり」でサウジアラビアやシリアからの受注も受けていた。

とはいえ1990年代になると、長引く不況や民営化、ユーゴスラヴィア解体に伴う市場の縮小のなかで、これらのバス企業も経営難を迎え、TAM社とTAZ社は倒産した（前者は中国資本による買収を経て、2013年から「TAM DuraBus」として復活・存続する）。唯一生き残ったのがイカルス社。ただ、こちらは今日では「イカルバス（Ikarbus）」という社名になっている。理由は単純というか、ハンガリーにも全く同名のバス企業があるから。そもそも「イカルス Ikarus」と言えば、こちらのハンガリーの方が断然有名で、社会主義時代にはソ連や東欧諸国のバスの多くを担っていた。

左の「ワールドマスター」の運転席（上）と車内（下）
（出典：いずれも、左写真に同じ）

TAM社のTAM 190 A11

TAM社製造のVolvo B58。TAM 190 A11と同一モデル。つまりヴォルヴォ社名義でも生産していた。

TAM 社の広告に載る同社のトラックとバス。(*Review*, 1963 年 7-8 月号, 47)

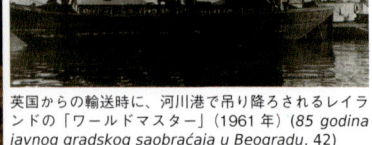

ネレトヴァ川（Neretva）の峡谷を走る都市間バス
(*Review*, 1976 年 5 月号, 20)

英国からの輸送時に、河川港で吊り降ろされるレイランドの「ワールドマスター」(1961 年) (*85 godina javnog gradskog saobraćaja u Beogradu*, 42)

の方が断然有名で、社会主義時代にはソ連や東欧諸国のバスの多くを担っていた。どちらの「イカルス」も 20 世紀初頭に創業され、ハンガリーの方は老舗のバス会社、セルビアの方はもともと航空機メーカーであったが、後者は 1960 年代にバス生産へ転身したから、隣国に同名のバス企業があるというちょっと珍しい状況になった。ユーゴスラヴィア解体後、1992 年になってさすがに問題になったらしく、セルビアの「イカルス」は「b」の一文字をあいだに入れて「イカルブス（Ikarbus）」に改称（「ブス bus」は、セルビア語で「バス」を意味する「autobus」の俗称）。なかなか洒落が効いているが、社名変更が功を奏したか、その後の経営は順調のようで、現在ではユーゴスラヴィア地域最大のバス製造メーカーに成長している。（鈴木健太）

ベオグラード中心街を走るイカルス社のIK 160（1980年代）。同社の広告から。右奥は、第二次大戦直前に建てられたベオグラード最初の近代的な高層ビル、その名も「アルバニア宮殿（Palata Albanija）」。

同社のカタログに載るIK 160。色違いの同じモデル。

車庫に並ぶレイランドの2階建バス（サラエヴォ、1950年代）(*90 godina javnog gradskog saobraćaja Sarajevu*, Sarajevo, 1975, 23)

トロリーバス――風前の灯火から一転、オイルショックを機に見事復活！

　トロリーバスというと日本では過去の時代の乗り物のように聞こえるが（実際、1970年代に横浜で廃止されて以降、都市交通として利用されておらず、現在は立山トンネル（富山）などのトンネル用の2路線を残すのみ）、ヨーロッパのとくに「東」の方では、都市の公共交通として今でも運用されている。しかし、道路上に張られた架線から電気をとって「ウィ〜ン」と走るこのバス。架線の下でしか走れなかったり、交通量が多いと渋滞の原因になったり、排ガスが出ないと言っても当時は誰もそんなことに耳を貸さなかったりと、路面電車の場合と同様、普通のバスに道を譲って廃止の憂き目に遭う場合もあったのは東欧の国々でも同じ。ユーゴスラヴィア地域でも現在、ベオグラードとサラエヴォに残るのみである。もっとも、トロリーバスが公共交通として導入された都市自体少なく、その他ではリュブリャナ、クロアチアのスプリットとリエカくらい。バスや路面電車に比べて影は薄かった。ただ、いずれの都市でも社会主義の時代に導入されているから、その意味では、もっともユーゴスラヴィアの時代を感じる公共交通であると言うことはできるかもしれない。

　そんなトロリーバスが最初に登場したのは首都ベオグラードで、第二次世界大戦直後の1947年のこと（より正確に言えば、ユーゴスラヴィア地域初のトロリーバスは1909〜12年の短期間にピラン（Piran）（スロヴェニア）で運行されており、これはバルカン最初の運行でもある）。イタリアからやって来たフィアット社の赤い車両やアルファ・ロメオ社のメタリックな車両であった。その後1951年からはリュブリャナとリエカでも導入され、この2都市でもフィアット社のイタ車両が走行した。その後1960年代になると、「外車」のみならず国産車両も登場するようになる。といっても純国産ではなく、海外

アルファ・ロメオとゴシャによる緑のトロリーバス車両。11番路線を走行中（ベオグラード、1970年代）。隣はメルセデスのバス、また前頁同様、右奥に見えるのは「アルバニア宮殿」ビル（*85 godina javnog gradskog saobraćaja u Beogradu*, 59）

の企業からのライセンス譲渡ないし業務提携による製造であった。例えば、ベオグラードでは、スメデレヴスカ・パランカ（Smederevska Palanka）（セルビア）の車両製造企業「ゴシャ（Goša）」がアルファ・ロメオ社との提携のもとに生産した車両が走る。リュブリャナでは、スイスのエリコン（Oerlikon）社のライセンスを得たリュブリャナの「アウトモンタージャ（Avtomontaža）（自動車製造）」の車両が運用されるといった具合である。

現在も走行するソ連製のトロリーバス車両 ZiU-9（ベオグラード、2010年、鈴木撮影）

しかし1960年代の終わり頃から、ユーゴスラヴィアのトロリーバスは一気に斜陽を迎える。自動車の普及とバス利用の拡大とともに、リエカでは69年、リュブリャナでは71年に相次いで廃止され、64年に開始されたスプリットにおいても僅か4年の短命に終わった。ベオグラードも例外ではなく、69年に廃止の決定が下されると、順に路線が削減され、73年には1路線を残すのみとなった。だが、当初から廃止に反対した市交通局の「現場」の技師や労働者は、「御上」の決定に対して秘かに抵抗。その甲斐あってか、最後の「綱」となった11番（現在は欠番、84年から路線番号が22番に変更）路線は、その後しばらく何とか生き延びた。すると1980年代に入って、状況が一変。トロリーバス廃止の理由には、市内の電力供給の不足、相対的に安価なバス燃料という事情があったが、この時期、オイルショックの煽りを受けて石油価格が高騰し、今度はバスが間引き運転されるなどの事態に。そして、かねてから進められた市内公共交通の再整備のなかで、トロリーバス（や路面電車）の運用が見直され、81年からトロリーバス路線の増大と再拡張が着手された。こうして、トロリーバスは風前の灯から一転、復活を遂げることになり、その後から現在まで、ベオグラード市民の貴重な移動手段として利用されている。この「復活」の80年代には、従来の国産車両が引退し、新たに購入したソ連の「ZiU（Завод имени Урицкого、略称 ЗиУ）」社製「ZiU-9」が、次第にベオグラードのトロリーバスの「顔」となった。

この ZiU-9、今日もベオグラードではたまに走行しているのを見かける。だが、相当に年季の入った外観からも分かるように、故障やトロリーポールが架線から外れることが日常茶飯事で、路上で立ち往生しない日はないという「悪名」高き車両。1990年代以降、セルビアが国連制裁のなかで深刻な経済的苦境に陥り、トロリーバスのメンテもままならなくなったことから、そんな悪評が定着した。ただそれは91年頃にユーゴスラヴィアが解体を迎えた後の、もう少し先の話である。

ちなみに、サラエヴォのトロリーバスは1984年のサラエヴォ五輪（冬季大会）を機に導入され、現在も引き続き運行されている。当時は、チェコスロヴァキアのシュコダ（Škoda）社の車両が走行していた。（鈴木健太）

かつては1つの「ユーゴスラヴィア鉄道」、現在は8つの鉄道会社

　社会主義ユーゴスラヴィアの領域に鉄道が登場するのは、早くて19世紀の中頃、あるいは遅くて20世紀の初め（半世紀以上も開きがあるのは、地域によって異なるためで、共和国・自治州の領域ごとに記すならこんな感じ——スロヴェニア：1844年、ヴォイヴォディナ：1856年、クロアチア：1860年、ボスニア・ヘルツェゴヴィナ：1872年、マケドニア：1873年、コソヴォ：1874年、セルビア：1884年、モンテネグロ：1901年）。時代的には、19世紀にかけて欧米各地で進んだ鉄道建設が少し遅れてやって来たわけだが（日本の鉄道開業は1872年）、運行開始の当時、セルビアとモンテネグロを除いたいずれの地域も独立した政体としては存在していない。これらの地域を支配したハプスブルク帝国ないしオスマン帝国の利害や思惑のもと、帝国内の路線として敷設された。こうしたなかで、西欧とバルカン半島を結ぶ長距離夜行列車として知られる「オリエント急行」も、1885年から、ベオグラードを経由してユーゴスラヴィアの領域を通過する路線が登場するようになる（ひとえに「オリエント急行」といっても幾つか種類があり、国際寝台車会社（CIWL）、いわゆる「ワゴン・リ社」が1883年に開業したそもそものオリエント急行（Orient Express）は、当初ブカレスト経由でユーゴスラヴィア地域は通らなかった）。

　その後、第一次世界大戦後のユーゴスラヴィア王国の時代に、各地の路線や鉄道会社が統合され、「ユーゴスラヴィア国営鉄道（Jugoslovenske državne železnice、略称JDŽ）」が創設される（国名同様、この名称は1929年から）。この「国営鉄道」、第二次世界大戦中はナチス・ドイツなどの枢軸国の占領支配によって消滅するも、戦後すぐに再建され、1952年には「ユーゴスラヴィア鉄道（Jugoslovenske železnice、略称JŽ）」となった。名称から「国営」がとれたとはいえ、ユーゴスラヴィア唯一の国営の鉄道会社として（私鉄はなかった）、国家が存続するあいだ、全国の鉄道事業を請け負った。

　戦後直後、各地の線路を含む鉄道施設は大きな戦禍を被っていたが、その復旧の中核を担ったのは、ここでも党組織などを通じて全国から集まった若年層を中心とする労働奉仕の活動である。自動車がまだ一般化していない1950年代、ユーゴスラヴィア鉄道の蒸気機関車が結ぶ全国の鉄道網は、人々の長距離移動を

第二次大戦後のオリエント急行の路線図（1945-1962年）
http://commons.wikimedia.org/wiki/File:Orient-Express_1945-1962.png （CC BY 3.0）

支える重要な足であった。ディーゼル機関車や電気機関車が導入されるのは60年代以降になってから。その機関車は、蒸気機関車と同様、西欧諸国ないしソ連の外国製か、国内企業によるライセンス生産が主であった。線路の電化が始まるのは1970年からで、ベオグラード～ザグレブ線を皮切りに、主要路線には電化施設が整えられていった。

しかし1990年代初頭、社会主義ユーゴスラヴィアの解体とともに、ユーゴスラヴィア鉄道は鉄道業界から姿を消す。鉄道網と関連事業は、独立した共和国ごとの個別の鉄道会社が担うようになり、今日では、スロヴェニア鉄道（Slovenske železnice：略称 SŽ）、クロアチア鉄道（Hrvatske željeznice：HŽ）、ボスニア・ヘルツェゴヴィナ連邦鉄道（Željeznice Federacije Bosne i Hercegovine：ŽFBH）、セルビア人共和国鉄道（Željeznice Republike Srpske：ŽRS）、セルビア鉄道（Železnice Srbije：ŽS）、コソヴォ鉄道（Hekurudhat e Kosovës：HK）、モンテネグロ鉄道（Željeznica Crne Gore：ŽCG）、マケドニア鉄道（Македонски железници：МЖ）の計8つが、旧ユーゴスラヴィア鉄道の鉄道事業を仲良く（？）分け合っている（ボスニア・ヘルツェゴヴィナでは、国を構成する2つの政体、ボスニア・ヘルツェゴヴィナ連邦とセルビア人共和国のそれぞれに鉄道事業者が存在する）。ただ、かつての共和国境界に国境検問所が設置され、パスポートなしでは通過できなくなった（一部、地元民は身分証のみで可）今の状況はかつての「JŽ」時代を知る人からすると、少々億劫に思えるかもしれない。（鈴木健太）

ユーゴスラヴィア地域における鉄道会社のロゴ

スロヴェニア鉄道　　　　クロアチア鉄道　　　　ボスニア・ヘルツェゴヴィナ連邦鉄道

セルビア人共和国鉄道　　セルビア鉄道　　　　　コソヴォ鉄道

モンテネグロ鉄道　　　　マケドニア鉄道　　　　ユーゴスラヴィア鉄道

最大の鉄道敷設事業「ベオグラード〜バール線」

　オリエント急行に代表されるように、西欧先進国のおかげもあって19世紀から国際路線に通ずる主要路線が敷かれたユーゴスラヴィア地域の鉄道にとって、社会主義期の「ユーゴスラヴィア鉄道」時代は、国内の地方路線の拡充や新設が、時に採算度外視で進められた時代であった。とりわけ戦後直後、社会主義ないし新国家建設の勢いさながらに、若者自らの奉仕労働によって敷設されたシャマツ〜サラエヴォ線などの、いわゆる「青年鉄道（omladinske pruge）」の建設が進められた。だが、これらの敷設事業を距離においても規模においても遥かに凌ぎ、国家の威信をかけた国策事業となったのが、ベオグラード〜バール線の建設である。

　首都ベオグラードから南方へ、セルビアとモンテネグロの領域を縦断しながら、アドリア海に面したモンテネグロの港町バール（Bar）（港町の「バー」ではない、こういう都市名）までを繋ぐ全長476 kmのこの路線。首都を海とつなぐ念願の鉄道だったとはいえ、敷設工事における最大の難関は、モンテネグロの山岳地帯であった。ヴェネツィア語由来の「黒山（monte negro）」を意味する共和国名（現地語では「Crna Gora（ツルナ ゴーラ）」）が示すように、

ベオグラード〜バール線の初走行の折に記念演説する大統領ティトー。奥に「ブルトレ」車両が見える。(*Review*, 1976年7-8月号, 22)

1968年のユーゴスラヴィアの鉄道路線図。ベオグラードから下に向かう点線が、当時建設中のベオグラード〜バール線。

モンテネグロは、沿岸部を除いて、その小さな国土の多くが石灰岩質の岩石に覆われた山がちな地形となっている（ちなみに、このモンテネグロの山々は、アドリア海沿岸にスロヴェニアからアルバニアまで延びるディナル・アルプス山脈の一部を成しており、ここら一帯で広く見られる、石灰岩などの溶食によって形成されたカルスト地形の語源は、同山脈の西端に位置するスロヴェニアのクラス地方（Kras）（ドイツ語で「Karst」）である）。レールを引くには、深く険しい山々を迂回しながら、トンネルを通し、橋を架けねばならない。全長の4分の1に相当する114 kmにも及んだ計254のトンネルや、計15 kmに渡った234の橋梁を備え、急勾配のために全線交流電化された単線の鉄道がすべて完成したのは、工事着工の1952年から23年を経た1975年の11月であった。

　20年以上の歳月を要したのには、ある意味ユーゴスラヴィアらしい現実的な事情もある。建設工事は連邦政府の国家事業として始まったものの、セルビアとモンテネグロしか通らないのに金だけはかかる事業への反対は他の共和国で根強かった。連邦政府内では共和国間の足並みが揃わず、事業継続のための予算が出し渋られ、工事自体も幾度か中断している。最終的には、連邦政府の出資が取り消された後、セルビアとモンテネグロの両共和国が建設完了までにかかる財源を基本的に引き受けることによって、事業の完遂にこぎ

マラ・リエカ橋梁と沿線の眺め（2006年）http://commons.wikimedia.org/wiki/File:Mala_Rijeka_Viaduct.JPG
（CC BY-SA 3.0）

つけた。

　そんなこんなでベオグラード～バール線は、1976年5月30日に開通。もちろんその2日前にはティトーが愛車「ブルートレイン」で最初に「完走」した。しかし、難工事とすったもんだの甲斐はあったというか、モンテネグロの岩山をぶち抜いてつくっただけに、セルビアからモンテネグロ領内に入ってからの、崖の上をうねるようにトンネルから橋、橋からトンネルへと続く道のり、そして車窓から眼下に臨む眺めは、なかなか他で

は味わえない「乗りどころ」となっている（区間としては大体、セルビアとモンテネグロの境界付近からティトーグラード（現ポドゴリツァ）手前までくらい）。なかでも山岳地帯の終盤、高さ203mのマラ・リエカ（Mala Rijeka）橋（鉄道橋としては、2001年に中国貴州省の北盤江に275mの橋梁が架かるまで、世界一の高さを誇った）からの景観は圧巻。今でこそ、設備の老朽化から安全面の不安が囁かれ（実際、2006年に脱線事故が発生）、速度制限のために全区間10時間以上かかる（かつては約7時間）など多少の「衰え」は隠せないが、良くも悪くもユーゴスラヴィア鉄道の時代が残した遺産として、今も地元民や観光客、一部の鉄道愛好家を乗せる現役の路線である（当時は国内路線だったが、現在はセルビア鉄道とモンテネグロ鉄道が運行する、いちおう国際路線）。（鈴木健太）

建設中のベオグラード〜バール線の全区間と停車駅を示した図（1971年）（*Review*, 1971年5月号, 39）

ベオグラード〜バール線開業当時の駅と車掌（*Review*, 1976年7-8月号, 22）

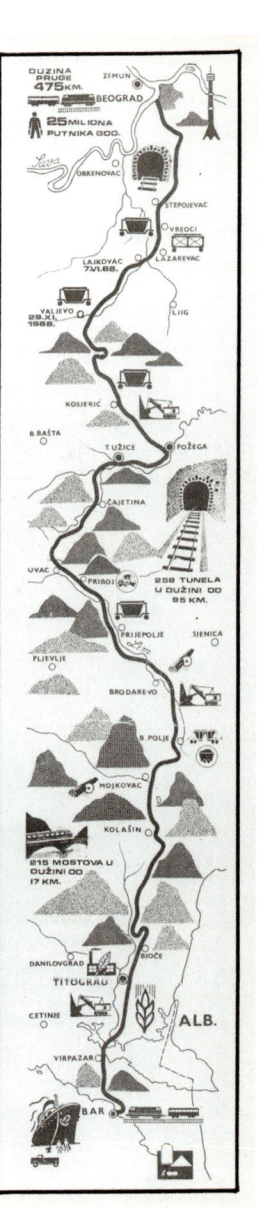

「シャルガン・エイト」の路線図。モクラ・ゴーラ (Mokra Gora) 駅付近で、線路が入り組み、8の字を描いている。
（ブログ「The Great Circular European Railway Challenge」, http://gcerc.wordpress.com/2012/12/11/spin-off-to-sargan-8/）

狭軌鉄道の引退、そして復活の「シャルガン・エイト」

　社会主義期のユーゴスラヴィア鉄道の時代は、国内の地方路線の新設や拡充、鉄道の電化、ディーゼル機関車や電気機関車の登場というように、この地域の鉄道が発展と成長を迎えた時期である。しかし「ゆく鉄くる鉄」――それは同時に、1960年代以降の世界的なモータリゼーションや旅客機の一般化の流れのなかで、輸送手段としての鉄道が再編される時代であり、蒸気機関車が衰退し、一部路線の廃線が進められた時代でもあった。

　「ゆく鉄」の刻印を押されてしまったその代表的なものが、ベオグラード～サラエヴォ～ドゥブロヴニク線をはじめとする狭軌鉄道である。狭軌鉄道とは「ナローゲージ」とも呼ばれるように、文字通り軌間（レールの間隔）の狭い鉄道のことだが、ここでは760 mmという日本では「特殊狭軌」とも呼ばれるかなり狭い規格になる（一般に、世界で最も普及している1,433 mm軌間を「標準軌」として、

甦った狭軌鉄道。幾つものトンネルを抜けて山「道」を行く「シャルガン・エイト」の蒸気機関車（2003年）。
http://commons.wikimedia.org/wiki/File:Sarganska_osmica_2.jpg (CC BY-SA 3.0)

右：こちらはまた別の区間。トンネルを抜け、鉄橋へ。
http://commons.wikimedia.org/wiki/File:Sarganska_osmica_1.jpg (CC BY 3.0)

それより狭いものが「狭軌」と呼ばれるが、日本の鉄道のほとんどは「三六軌間」と呼ばれる 1,067 mm 軌間（＝「狭軌」）で敷設されている）。森林鉄道や鉱山鉄道など、(特殊)狭軌は山間部の鉄道に採用されることが多い。そんな「細い」レールを小型の蒸気機関車が「シュッシュ・ポッポ」と走る路線が、当時は、山や森林の多いボスニア・ヘルツェゴヴィナを中心に発達しており、これに乗れば、首都ベオグラードからサラエヴォ経由でアドリア海のドゥブロヴニクまで、鉄道で移動することができた。もともとは、1878 年のベルリン会議でボスニア・ヘルツェゴヴィナ（それまではオスマン帝国領）の施政権を獲得したハプスブルク帝国が、19 世紀末から 20 世紀初頭にかけて敷設した鉄道網である（国際的に「ボスニア軌間」とも称されるこの 760 mm 規格の鉄道は、ボスニア地域での成功を経て、その後帝国内で広く建設されたという）。だが、ユーゴスラヴィア鉄道は 1964 年、近代化プログラムを決定し、国内の狭軌鉄道や採算の合わない路線の大量廃止を打ち出すと、先のベオグラード～サラエヴォ～ドゥブロヴニク線は、サラエヴォ～プローチェ（Ploče）間に新たに標準軌の電化路線が建設されたことも影響し、1974 年に全線廃止。それ以外の 760 mm 路線も順次廃線となり、1980 年代初頭に狭軌鉄道はユーゴスラヴィアから姿を消していくことになる（線路は残っていることが多い）。

が――1990 年代後半、セルビアではセルビア鉄道を中心に、かつての 760 mm 線路を観光資源として再活用する話がもちあがり、ウジツェ（Užice）に近いボスニア・ヘルツェゴヴィナとの国境付近を通る旧線の一部が修復されて（セルビア領に位置する線路自体は、ユーゴスラヴィア王国時代の 1920 年代に敷設され、ハプスブルク帝国によるボスニア・ヘルツェゴヴィナの路線と繋がったもの）、2003 年から蒸気機関車の再び走る狭軌鉄道が復活した。モクラ・ゴーラ（Mokra Gora）駅からシャルガン・ヴィタスィ（Šargan Vitasi）駅まで、くねくね曲がりながら幾つものトンネルを抜けてシャルガン山（Šargan）を山越えする全長 15.4 km のこの観光鉄道。「シャルガン・エイト（Šarganska osmica）」という名とともに、(「エイト」は実際に 8 の字を描く線路の形に由来)、この地を訪れる珍しい（？）観光客や鉄道愛好家の「地味な」人気スポットになっているようである。なお、「シャルガン・エイト」には映画監督エミール・クストゥリツァ（Emir Kusturica）も一枚噛んでいて、自らの映画『Život je čudo』（邦題：ライフ・イズ・ミラクル）にはこの狭軌鉄道が度々登場する。（鈴木健太）

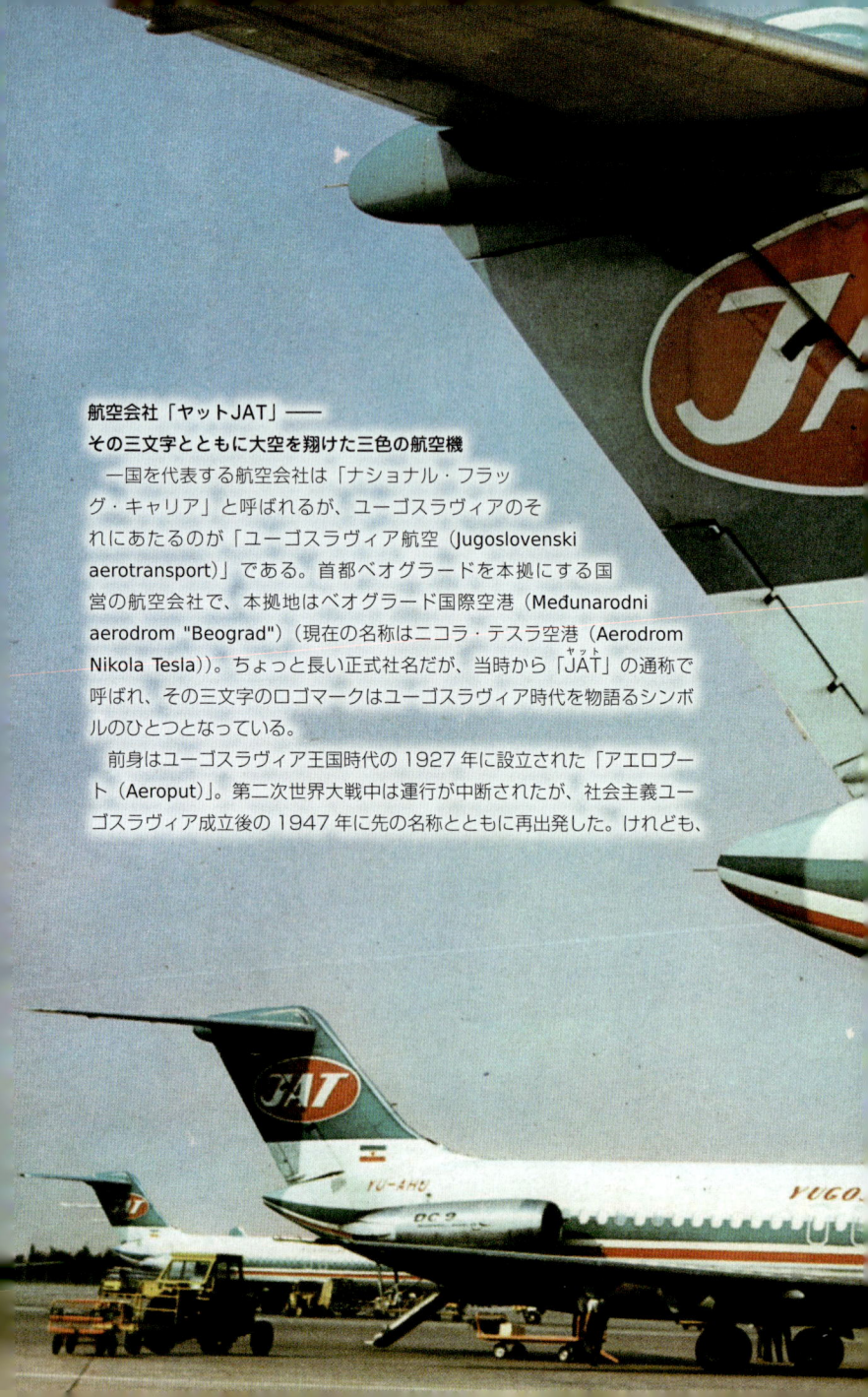

航空会社「ヤットJAT」――
その三文字とともに大空を翔けた三色の航空機

　一国を代表する航空会社は「ナショナル・フラッグ・キャリア」と呼ばれるが、ユーゴスラヴィアのそれにあたるのが「ユーゴスラヴィア航空（Jugoslovenski aerotransport）」である。首都ベオグラードを本拠にする国営の航空会社で、本拠地はベオグラード国際空港（Međunarodni aerodrom "Beograd"）（現在の名称はニコラ・テスラ空港（Aerodrom Nikola Tesla））。ちょっと長い正式社名だが、当時から「JAT（ヤット）」の通称で呼ばれ、その三文字のロゴマークはユーゴスラヴィア時代を物語るシンボルのひとつとなっている。

　前身はユーゴスラヴィア王国時代の1927年に設立された「アエロプート（Aeroput）」。第二次世界大戦中は運行が中断されたが、社会主義ユーゴスラヴィア成立後の1947年に先の名称とともに再出発した。けれども、

空港に停泊する JAT 機（1970 年代）。機材の配色は国旗の三色がモチーフ。(*Review*, 1974 年 6 月号, 20)

BOEING 727 – JOINS THE FLEET OF JAT

ボーイング727型機の導入を伝えるJATの雑誌広告（1974年）（*Review*, 1974年7-8月号, 裏表紙）

野外展示されたかつてのJAT機（シュド・カラベルSE 210）。1960-70年代の使用機材。（ベオグラードの航空博物館、鈴木撮影、2009年）

> EVERY TUESDAY AND FRIDAY
> JAT's regular line
> BELGRADE–
> SINGAPORE–SYDNEY
> Links with all the main
> cities of Europe
> YUGOSLAV AIRLINES

JATの雑誌広告（1976年）(*Review*, 1976年12月号, 裏表紙)

1948年のユーゴスラヴィアのコミンフォルム除名によって、燃料が不足するわ、東欧諸国の都市との国際線がごっそり取り消されるわ、すぐに経営難が到来。国内線6本のみの運行に追い込まれた時期もあった。だが1950年代後半以降、航空需要の高まりのなかで、新たに航空機を購入して中長距離の国際線を新設するなど、経営は次第に軌

ADD JAT TO YUGOSLAVIA
FOR A PERFECT HOLIDAY

JATの雑誌広告（1968年）（*Review*, 1968年6月号, 38）

The highly-qualified and hospitable crews of JAT's Caravelles are waiting at airports all over Europe, the Middle East and North Africa to have the pleasure of escorting you to Yugoslavia

JATの雑誌広告（1967年）（*Review*, 1967年4月号, 裏表紙）

道に乗り始めた。ただ、ティトーも国外を周遊する際に60年代初めまでは愛艦「かもめ（Galeb）」を使っていたように（専用の大統領機が導入されるのは59年）、飛行機は庶民の手に届くものではなかった。それでも60年代から70年代になると、JATにも従来のプロペラ機からジェット化への時代が到来。飛行機の大型化、高速化に伴い、空の旅は国民にとって少しずつ身近なものになっていく。80年代中葉には、JATの乗客数は年間500万を超え、19の国内線と中距離45、長距離16の国際線からなる路線網を備えたという（ちなみに、JATの他にも国内には「アドリア航空（Adria Airways）」などの幾つかの航空会社があった。1961年創業のこちらは、リュブリャナに本拠を置き、現在のスロヴェニアのナショナル・フラッグ・キャリア）。

1989年当時の運行路線を見ると、アルジェ、トリポリ、カイロ、チュニス、バグダード、クウェート、ドバイ、アンマン、カルカッタ、バンコク、シンガポール、クアラルンプールといった、アジア・アフリカの多くの都市への便があり、非同盟のつながりが窺える。また多くの国際線のフライトは、ベオグラードとの二都市間の往復ではなく、例えば、「ベオグラード〜ザグレブ〜ニューヨーク」というように、国内の他の主要都市に立ち寄る形であった。なお、日本との直行便はこの時代もなく（残念ながら現在もない）、中国の北京ないし他のアジアの都市で乗り継ぐ必要があった。

ちなみにJAT機は、かつて1度、飛行中に爆破事件を経験している。1972年1月26日、コペンハーゲンからベ

オグラードへ向かう367便（機体はマクドネル・ダグラス社のDC-9-32）は、クロアチア民族主義者が仕掛けたとされる爆発物の爆発によって上空で破裂し、当時チェコスロヴァキア（現チェコ）のスルブスカー・カメニツェ（Srbská Kamenice）という村の付近に墜落した。乗客・乗務員の28名のうち27名が死亡したが、残る1名の女性客室乗務員ヴェスナ・ヴロヴィチ（Vesna Vulović）さん（当時22歳）は極度の重傷を負うも奇跡的に生還。これは後に、パラシュートなしの落下で生存した最高高度の記録（10,160 m）としてギネスブックに認定される（現在も破られていない）一方、ヴロヴィチさんはユーゴスラヴィア国内で一躍時の人になったという。

　ユーゴスラヴィアなき後、JATはセルビアのナショナル・フラッグ・キャリアとして存続した。会社の正式名こそ「Jugoslovenski aerotransport」から「JAT Airways」に変わったが、「JAT（ヤット）」という親しまれた名称だけは現在も生き続けている……というのが2000年代になっても続き、今後もそうなのかなと思っていたら、2013年10月——やっぱり名称もセルビアらしいのがよかったのか、UAEのエティハド航空との資本提携を機に社名は「Air Serbia」に改称。これにて、JATは名実ともに航空業界の舞台から姿を消すことになった。「エア・セルビア」なんていうと、「エア・ギター」みたいに聞こえてしまうのは私だけでしょうか（エア・カナダやエア・インディアはそう聞こえないのに……）。（鈴木健太）

JATの雑誌広告（1986年）（Review, 1986年3-4月号, 裏表紙）

こちらはスロヴェニアのアドリア航空の雑誌広告（1986年）。「Adria Airways」のはずが、「-- Airline」になってるのはご愛嬌。（Review, 1986年1-2月号, 裏表紙）

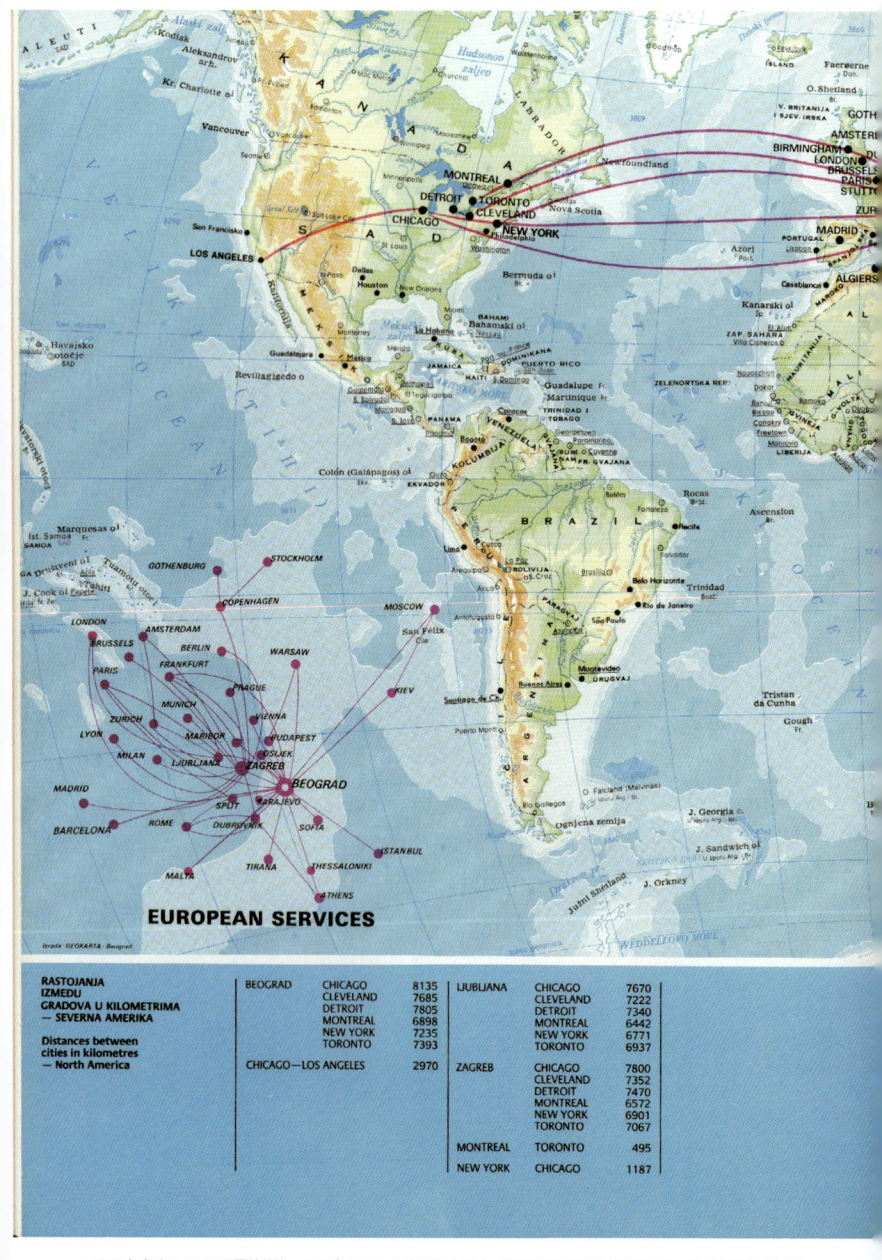

RASTOJANJA	BEOGRAD	CHICAGO	8135	LJUBLJANA	CHICAGO	7670
IZMEDU		CLEVELAND	7685		CLEVELAND	7222
GRADOVA U KILOMETRIMA		DETROIT	7805		DETROIT	7340
— SEVERNA AMERIKA		MONTREAL	6898		MONTREAL	6442
		NEW YORK	7235		NEW YORK	6771
Distances between		TORONTO	7393		TORONTO	6937
cities in kilometres						
— North America	CHICAGO—LOS ANGELES		2970	ZAGREB	CHICAGO	7800
					CLEVELAND	7352
					DETROIT	7470
					MONTREAL	6572
					NEW YORK	6901
					TORONTO	7067
				MONTREAL	TORONTO	495
				NEW YORK	CHICAGO	1187

1987年当時のJATの国際線航路、およびヨーロッパ線航路（左下）が図示された地図（*JAT Review*, 37 (1987), 32-33）

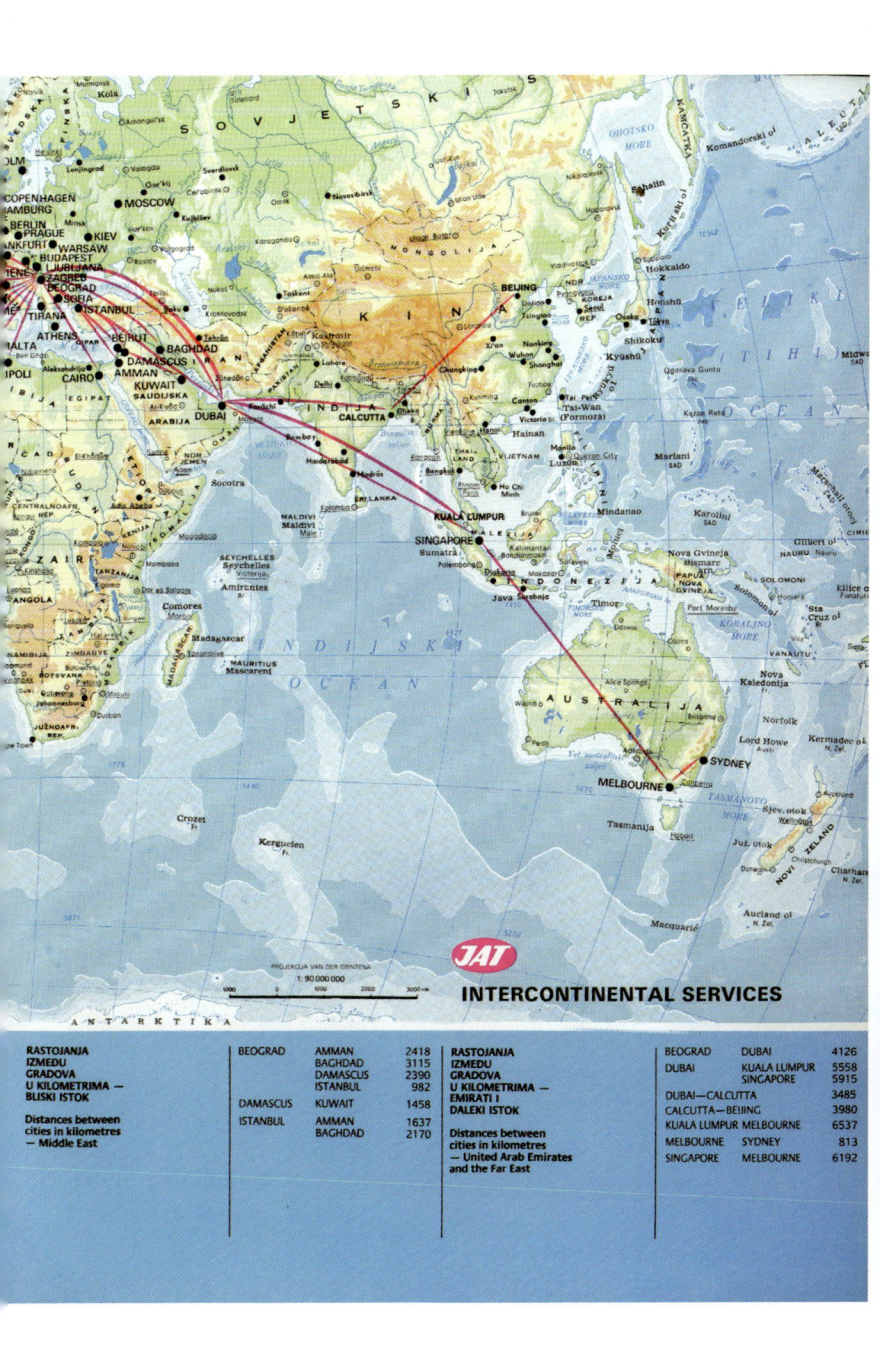

JAT
INTERCONTINENTAL SERVICES

RASTOJANJA IZMEDU GRADOVA U KILOMETRIMA — BLISKI ISTOK			
Distances between cities in kilometres — Middle East			
BEOGRAD	AMMAN	2418	
	BAGHDAD	3115	
	DAMASCUS	2390	
	ISTANBUL	982	
DAMASCUS	KUWAIT	1458	
ISTANBUL	AMMAN	1637	
	BAGHDAD	2170	

RASTOJANJA IZMEDU GRADOVA U KILOMETRIMA — EMIRATI I DALEKI ISTOK		
Distances between cities in kilometres — United Arab Emirates and the Far East		
BEOGRAD	DUBAI	4126
DUBAI	KUALA LUMPUR	5558
	SINGAPORE	5915
DUBAI—CALCUTTA		3485
CALCUTTA—BEIJING		3980
KUALA LUMPUR	MELBOURNE	6537
MELBOURNE	SYDNEY	813
SINGAPORE	MELBOURNE	6192

B-727-200 (8)

DC-9-32 (9)

B-737-300 (9)

ATR-42 (3)

機体の前に集まる JAT のキャビンアテンダント（1970年代）（*JAT Review*, 7 (1977), 4）

1989 年当時の JAT の使用機材
（*This is JAT*, Beograd, 1989, 6）

JAT 機が並ぶザグレブ空港（1970 年代）（*Review*, 1974 年 11-12 月号, 8）

JATのポスター。左上は、戦前の「アエロプート」時代。その他は1950-1960年代のもの。多彩なイラストに飾られる。(*JAT Review*, 36（1987）, 16-17)

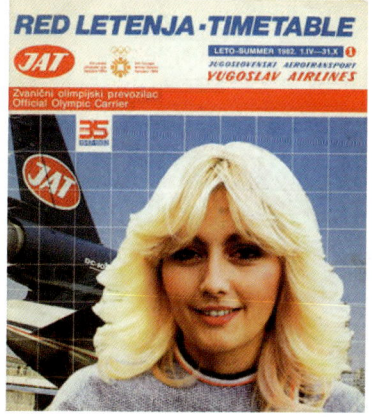

JATの時刻表（1982年夏版）の表紙

微笑むJATのキャビンアテンダント（*This is JAT*, 31）

★ スポーツ

ユーゴスラヴィアのスポーツ——国家を支える根幹の一つ

　第二次大戦中の4年間の戦争と占領は、ユーゴスラヴィアのスポーツ環境にも甚大な被害をもたらした。国民の身体鍛錬、特に若年層の体育は、戦後国家の再建に際しての労働力という面に加え、全人民防衛を敷くユーゴスラヴィアの場合は国家の防衛という面からも重要な国家的課題とされたようで、スポーツ政策や学校体育事業は当初より国家のリーダーシップの下に推進された。

　第二次世界大戦がなお継続中の1945年4月には、早くも「体育復興の決議」が採択され、準備委員会の下、ユーゴスラヴィアのスポーツ環境の再建が始まる。王国時代の組織は解散され、そのリソースはいったん準備委員会の預かりとされた。準備委員会の下、第二次世界大戦終結の前日にはユーゴスラヴィア体育会議（Fiskulturni odbor Jugoslavije）が設立され、名称変更や組織改編を経て、1945年12月にはユーゴスラヴィア体育連盟（Fiskulturni savez Jugoslavije）ならびに各共和国・自治州体育連盟が置かれた。体育会議ならびに体育連盟の指導と支援により、大学、企業、軍隊、青年同盟といった組織内に現在につながる総合スポーツクラブの母体が形成される。この時期に特に重視された競技は、陸上、水泳、スキー、射撃であり、国家防衛の観点から体育を充実させようという意図がうかがえる。

　1948年には各スポーツクラブや競技団体からなる競技連盟が設置され、現場のスポーツ指導に当たることが決定した。これによって、現在までつながる各競技連盟が、連邦と共和国・自治州の両レベルに設立された。当初は、陸上、自転車競技、ボクシング、バスケットボール、水泳、サッカー、体操の各競技連盟が設置され、これに乗馬、ハンドボール、バレーボール、ボウリング、フェンシング、チェス、登山、射撃、スカイスポーツなどの諸連盟が続いた。スポーツ界ではこの段階で、連邦レベルと各共和国・自治州レベルの競技連盟を基礎とした分権化傾向がすでに顕れつつあった。

　1952年には各競技連盟によってユーゴスラヴィア諸スポーツ同盟（Savez sportova Jugoslavije）が設立された。ユーゴスラヴィア五輪委員会も同盟に所属する諸競技団体から編成されており、国際的な活動は同盟が事実上の窓口となった。ここに、連邦ならびに共和国・自治州単位の各競技連盟がイニシアティヴをとるシステムがほぼ出来上がる。複数の層からなる諸連盟の関係を調整するのは、体育政策を担当する評議会や諮問会議といった政府組織だった。これらの組織は、1946年に政府により設置された体育評議会（Komitet za fizičku kulturu）に由来し、連邦ならびに共和国・自治州、自治体単位で設置され、資金配分や諸活動の調査、体育教育の普及など政策の立案と実践を担っていた。

　組織的発展と並行して、国民全体を身体鍛錬へと動員する方策も実行された。学校における体育教育の推進はもとより、戦後当初に効果を挙げたのが「スポーツバッジ」競技大会だった。「スポーツバッジ」競技大会とは、走る、泳ぐ、跳ぶといった運動能力にカテゴリー

別に基準を設け、それを越えた人物には運動能力を証する「スポーツバッジ」を国家として授与する一種の「検定会」であり、すでにスウェーデン、ドイツ、ソ連など欧州諸国に先例が見られた。この大会に参加するために、人々はより専門的な訓練を行うとともに、スポーツに日常的に接するようになった。ユーゴスラヴィアの「スポーツバッジ」は ZREN（「Za republiku napred/naprijed（共和国のために進め）」の略称）と称され、1946 年に導入された。参加者は年齢別に分けられ、カテゴリーごとに水泳、短距離走、跳躍、投擲などの運動能力が測定された。

このような競技会は 1950 年代半ばに絶頂期を迎えたが、1960 年代半ばにはほとんど人びとの関心を引かなくなった。その背景として、戦後の状況が改善され、さまざまなスポーツの競技環境が整備されたこと、生活水準が向上し人々はそれぞれ好きな競技を選んで楽しむようになったことが挙げられる。ベオグラードのツルヴェナ・ズヴェズダやパルティザン、ザグレブのムラードスト、サラエヴォのボスナなど、総合スポーツクラブは傘下にさまざまな競技団体を抱えるようになった。若者たちはスポーツバッジの獲得ではなく、職場や学校、大学、地域などのスポーツ大会に成功を求めるようになった。

「見るスポーツ」の一般化も見逃すことはできない。テレビが普及して国内外のスポーツ選手の活躍に多くの人が関心を寄せるようになり、スポーツ紙の活動も活発になった。1950 年代からザグレブの『スポルツケ・ノヴォスティ（Sportske novosti）』、ベオグラードの『スポルト（Sport）』の各紙では年間最優秀スポーツ選手を選定するようになり、後を追うように各共和国・自治州でもこの時期に、独自にスポーツ選手を賞するようになる。スポーツ選手がヒーローになる時代が到来した。

ユーゴスラヴィアにおける「見るスポーツ」の成立と発展は、この後の歴史を考える上では非常に重要な転機となった。分権化の推進とともにスポーツもまた地域性を強く帯びるようになり、連邦からの分配金の基金化が可能になった各地域や自治体は、地域的影響力の大きなクラブに資金を回し、クラブの有力者と手を組む構図が生まれた。地方クラブは各民族を象徴する傾向が強くなり、競技のスペクタクル化と相まって、1980 年代後半にはスポーツの舞台における衝突が多くの人の目に触れることとなった。

とはいえ、ユーゴスラヴィアにおけるスポーツ界の発展には目を見張るものがあった。ユーゴスラヴィアでは 10,000 以上の各種競技クラブ・団体が設立され、競技人口はのべ 120 万人を越える。オリンピックには夏季冬季通算で 1,390 人の選手を派遣した。また、サラエヴォ冬季五輪を含めて 207 の国際大会のホスト国を務め、国内外の各種国際大会で獲得したメダルの総数は約 2,000 個に上った。競技の発展を支える学術的な制度も確立された。六つの大学に設置された体育学部は大学院レベルの卒業生を多数輩出しただけでなく、コーチや体育教育の専門家の育成も行った。スタジアムやプール、スケートリンクといった各競技施設、学校や地域の体育施設も国内にあまねく建設された。

スポーツに関するこれらの成果は、ユーゴスラヴィアの人びとがスポーツを生活の一部とし、あふれんばかりの情熱を注いだという歴史の、これ以上ないほどの証左である。
（百瀬亮司）

対ポーランド代表戦。両チームともユニホームの配色が国旗を模している。(*Review*, 1973年12月号, 25)

サッカー——ユーゴのナショナル・スポーツから各共和国のナショナル・スポーツへ

　サッカーはユーゴスラヴィア全域にわたって最も人気を博するスポーツの一つである。サッカーを信奉する人も、野蛮なスポーツだと毛嫌いする人も、いずれもサッカーに関心を払わざるを得ない。サッカーを意味する単語は地域により多少異なり、セルビア、マケドニアなどでは、外来語「フットボール」に由来する「fudbal」(キリル文字では「фудбал」)が使用され、クロアチア、スロヴェニアでは脚を意味する "noga" と的を意味する "meta" からの合成語である「nogomet」が用いられる。このため、セルビアやマケドニアなどではクラブ名にFK (fudbalski klub)、クロアチアやスロヴェニアではNK (nogometni klub) がチーム名に付けられるのが一般的だ。

　ユーゴスラヴィアサッカー協会 (Jugoslavenski nogometni savez、略称 JNS) は、

1970年代のユーゴスラヴィア代表。1976年には欧州選手権で4位となった。(*Review*, 1976年2-3月号, 35)

　1919年、ザグレブで設立された。設立当時、JNSに登録されていたクラブは63に上り、1年後にはその数は112に激増、1923年には国内選手権も開幕した。JNSは1923年以降、国際サッカー連盟（FIFA）の正規会員として名を連ねている。

　この体制下でのユーゴスラヴィア代表は1920年のアントワープ五輪から国際試合に参加する。当初は初戦敗退を繰り返していたが、1930年にウルグアイで開催された第一回ワールドカップでは躍進する。予選リーグでブラジル、ボリビアを下しグループ首位で決勝トーナメントに進出し、トーナメント1回戦では開催国ウルグアイに1対6で敗れるものの、アメリカ合衆国とともに3位の成績を残した。ウルグアイにおけるユーゴ王国代表の活躍は、2010年に『Montevideo, Bog te video』と題してセルビアで映画化され大きなヒットとなった。

　第二次世界大戦後当初は、ユーゴスラヴィア体育連盟内のサッカー委員会が競技環境の再興に当たっていたが、1948年にはユーゴスラヴィア・サッカー連盟（Fudbalski savez Jugoslavije / Nogometni savez Jugoslavije、略称FSJ / NSJ）がベオグラードに設立され、競技発展のイニシアティヴをとった。戦争で中断していたリーグ戦は1946年には早くも再開した。第二次大戦後のリーグ戦は基本的には二部制で、その下に広大な地域リーグのすそ野があった。1947年からはカップ戦「ティトー元帥杯（Kup maršala Tita）」（のちにはユーゴスラヴィア杯（Kup Jugoslavije））が開催され、ユーゴスラヴィアの全クラブが参加する国内最大の大会となった。第二次世界大戦後のリーグ

1974年サッカーワールドカップ西ドイツ大会、対西ドイツ戦。西ドイツの「皇帝」ベッケンバウアー（左）に挑むアチモヴィチ（右）。写真の掲載グラフには「試合はユーゴスラヴィアが2対1で勝利した」とあるが、そんな事実はない。(*Review*, 1979年3月号、30-31)

戦を牽引したのは、ビッグフォーと呼ばれる、クロアチアとセルビアに本拠地を持つ4つの強豪クラブである。カップ戦も含め、ほとんどのタイトルをこの4チームで分けあったが、ときおりボスニアやマケドニア、ヴォイヴォディナのクラブもタイトルを獲得し、「弱小共和国」の人びとの溜飲を下した。競技環境は極めて順調に成長し、1988年当時、国内には登録されていたものだけで3,296のクラブチームに20万人を超える選手がいたといわれる。スタジアムも各共和国・自治州に建造された。

充実した国内環境に支えられ、ユーゴスラヴィア代表は選手のクオリティも高く東欧の強豪チームの一角を占めたが、ワールドカップでは1962年チリ大会の4位が最高成績である。欧州選手権では1960年フランス大会、68年イタリア大会で決勝にまで進み、それぞれイタリア、ソ連に敗れて銀メダルに終わったものの、この時代こそがユーゴスラヴィア代表の黄金時代として人々に記憶されている。日本でもおなじみのクリシェ「東欧のブラジル」はこの時に生まれた。1976年には、欧州選手権を自国開催したものの、ここでも4位に終わっている。ユーゴスラヴィアのサッカーが最も結果を残した国際大会はオリンピックで、1960年ローマ大会の金メダルをはじめ、銀メダル3個、銅メダル1個を獲得している。

ユーゴスラヴィア代表は国際レベルで一定の成果を残した一方で、内部では時折民族間の対立も問題となった。民族間の均衡を取ろうとするあまり、監督を複数選任し協議制を

ユーゴスラヴィア代表対ソ連代表の親善試合の様子。1980年。(Review, 1980年10月号, 22-23)

とった時代すらあった。この手の対立は、オランダ代表の人種間対立、スペイン代表の地域間対立など、特に珍しい話ではないが、ユーゴスラヴィア代表においては1980年代以降、この対立が政治状況の深刻化に伴ってますます顕在化した。1992年、欧州選手権のために召集されたユーゴスラヴィア代表には、すでにクロアチア人選手の姿はなく、セルビアとモンテネグロを除く共和国出身の選手も一部はチームを離れていた。ユーゴスラヴィア・サッカーはすでに終焉を迎えつつあった。

ユーゴスラヴィアのサッカーは、選手のみならず、その指導者の質と量によっても支えられていた。その背景には、サッカー協会と地域の体育部門とが連携して、指導者育成環境を整備したことがあった。1957年にはベオグラードに「連邦指導者コーチ学校」が設立され、指導者になるにはこの学校や大学の体育学部で所定の過程を修める必要があった。その遺産は、現在においても受け継がれ、Jリーグを含む世界中のリーグで旧ユーゴ出身の指導者の活躍を目にすることができる。(百瀬亮司)

ユーゴスラヴィア史上最高のフォワードの一人、ドラガン・ジャイッチ (Dragan Džajić)。ズヴェズダでキャリア通算370点 (615試合) をあげる。(Review, 1976年2-3月号, 34)

ピクシーとオシム——日本にゆかりの深いユーゴスラヴィア・サッカー最高の選手と監督

　日本で名を知られたユーゴスラヴィア地域出身者の多くはサッカー選手もしくはサッカー指導者であろう。その中でも、抜群の存在感を発揮している人物として、ドラガン・ストイコヴィチ（Dragan Stojković）とイヴィツァ・オシム（Ivica Osim）の名を挙げないわけにはいかない。両者の日本における活躍については多くの人がすでに聞き及んでいるだろう。ここでは、ユーゴスラヴィア時代における両者の活躍とお互いのつながりについて言及する。

　ストイコヴィチは、セルビア南部の都市ニシュに生まれ、地元のチームであるラドニチュキ・ニシュ（Radničiki Niš）でキャリアをスタートさせた。彼の愛称である「ピクシー（Piksi）」は、幼少時代に彼自身が好んで視聴していたアニメ『ピクシーとディクシー』の主人公であるネズミの名前に由来する。1983年、16歳でラドニチュキ・ニシュのトップチームに昇格し、18歳で早くも代表に召集されると、1986年にはセルビアの強豪ツルヴェナ・ズヴェズダ（Crvena Zvezda）に移籍した。移籍早々にズヴェズダ最年少のキャプテンに指名され、1987/88シーズンにはチームを一部リーグ優勝に導いた。

　ピクシーは代表レベルでも欠かすことのできない選手であった。1988年ソウル五輪ではグループステージで敗退するが、同年5月から始まった1990年ワールドカップイタリア大会予選ではフランスを退けグループ首位で本選出場を決めた。イタリア大会では、当初こそ調子が上がらなかったが、決勝トーナメントでは本来の動きを見せた。スペイン戦で見せたゴール前での絶妙な切り返しは、現在においても多くのサッカーファンの語り草である。続く準々決勝では、マラドーナ擁するアルゼンチンと対戦し、PK戦の末に惜しくも敗退した。

　この時、チームを率いていたのがイヴィツァ・オシムであった。オシムは、ボスニア・ヘルツェゴヴィナの首都サラエヴォで生まれた。学業に優れ、特に数学の成績が優秀であったが、1959年から地元のジェリェズニチャル（Željezničar）でセミプロとしてのキャリアをスタートし、1964年の東京五輪への参加を契機に本格的なプロサッカー選手となる。大柄な体に似合わず足技に優れ、1ディナールコインのスペースさえあればボールをキープできるとたたえられ、1967年にはユーゴスラヴィア最優秀サッカー選手に選ばれた。当時のユーゴスラヴィアは国外移籍が制限されており、国内で10年間プレーする必要が

ジェリェズニチャルの選手時代のオシム。そのテクニックから、音楽家の名をとって「シュトラウス」とも称された。（展示会「Živeo život」（ベオグラード）、2014年、鈴木撮影）

あった。オシムもまた、ジェリェズニチャルで28歳までプレーしてから、それ以降はフランスの中堅クラブチームでプレーし、1978年シーズンを最後に現役選手生活を引退した。

　選手引退後は古巣のジェリェズニチャルで監督に就任した。8年間の在職中に、ユーゴスラヴィア一部リーグで3位、国内カップ戦準優勝、UEFAカップベスト4といった成果を上げた。いずれも優勝に今一歩届かないのは、攻撃的サッカーを信奉する監督が陥りがちな陥穽である。

　1986年、ジェリェズニチャルの監督を辞し、ユーゴスラヴィア代表監督に就任する。1980年代の後半は、民族主義がますます顕在化する時代であり、代表に対しても民族主義系メディアの圧力は高まる一方であった。そのような状況においてオシムは、深刻化しつつあったコソヴォ問題を引き合いに出し「必要であるならば、コソヴォのアルバニア人を11人揃える」

こちらはツルヴェナ・ズヴェズダ時代のピクシー。
(*Piksijev dnevnik: dnevnik Dragana Stojkovića Piksija*, Beograd, 1991, 表紙)

と主張し、チームにとって必要な人材の召集にのみ注力した。オシムの下に集まったユーゴスラヴィア代表は、実際にはコソヴォのアルバニア人はあまり召集されなかったものの、民族籍にとらわれずさまざまな選手が集まっていた。オシムはその指導力とフェアネスにより民族の垣根を越えて選手とファンの双方に支持され、シュヴァーベン地方のドイツ人の血を引くことに由来して「シュヴァーボ」の愛称で親しまれた。ワールドカップ・イタリア大会で得点を決めたピクシーが、仲間の祝福をかいくぐってオシムに抱擁をする様子からは、オシムと選手の間の強い絆をうかがうことができる。

　ワールドカップではベスト8にとどまったユーゴスラヴィア代表だが、続く1992年開催の欧州選手権では優勝候補の呼び声も高かった。しかし、彼らがその場に立つことはなかった。内戦が泥沼化しつつある状況において、ユーゴスラヴィア代表は国連制裁の影響で選手権への参加を禁止された。バラバラになりそうなチームをそれでもまとめようと「ドン・キホーテのように」無謀な戦いに挑んでいたオシムも、家族を残してきた故郷サラエヴォが包囲されるという異常事態を前に、チームを去ることを余儀なくされた。オシムはのちに「イタリア大会でチームが優勝していれば、ユーゴスラヴィアの解体もなかったかもしれない」とも語っているという。スポーツの持つ偉大な力と闇の力、その両方を知る人間の言葉として、それはあまりに重い。（百瀬亮司）

こちらの赤白はズヴェズダの男子
バスケットチーム。(同、20-21)

女子チームも存在する。中央左の赤・白の
ユニホームはズヴェズダの女子バスケット
チームの選手。ユニホームに時代を感じる。
(Review, 1978年12月号, 26)

バスケットボール――国際的にも活躍するユーゴスラヴィア出身選手たち

　バスケットボール（košarka）は、サッカーと並んでユーゴスラヴィアで人気の高いスポーツであった。ユーゴスラヴィアには1923年、体育教師やソコル指導者向けの講習で早くもバスケットボールが紹介されていた。草創期はザグレブが競技の中心だったが、1930年代から王国内各都市に普及した。ソコル連盟の一部門として活動し、1936年には国際バスケットボール連盟にも加盟した。

　このような戦前の人的・組織的土台の上に、1948年、ユーゴスラヴィア・バスケットボール連盟（Košarkaški savez Jugoslavije）はベオグラードで設立された。ユーゴスラヴィア代表は、1953年の欧州選手権6位を皮切りに、国際舞台において目覚ましい成績を残すようになる。1961年、ベオグラードで開催された欧州選手権で2位に入ると、2年後の63年の世界選手権（リオ・デ・ジャネイロ）でも2位を獲得し、1978年の世界選手権（マニラ）ではついに優勝の栄冠を手にする。ソ連が圧倒的な力を見せていた欧州選手権では長く2位の座に甘んじていたが、1973年のバルセロナ大会でついに優勝した。五輪競技においても、アメリカ合衆国がほぼ一人勝ち、ソ連がそれに続く「冷戦構造」の中で健闘し、1968年メキシコシティ大会、1976年モントリオール大会では銀メダル、1980年のモスクワ大会では金メダルを手にした（アメリカがボ

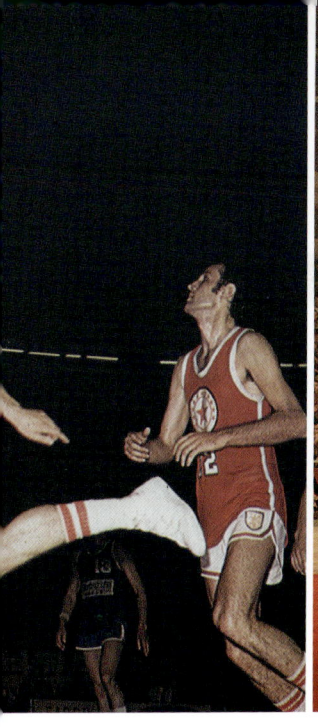

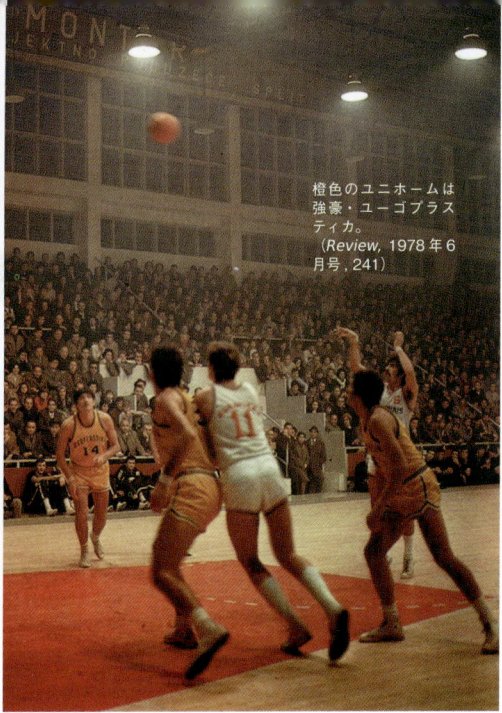

橙色のユニホームは
強豪・ユーゴプラス
ティカ。
(*Review*, 1978 年 6
月号 , 241)

がボイコットしていたのは内緒である)。クラブレベルでも現在のヨーロッパリーグの前身である欧州チャンピオンズカップにおいて、ボスナ・サラエヴォ（Bosna Sarajevo）（1978/79 年シーズン）、ツィボナ・ザグレブ（Cibona Zagreb）（1984/85 シーズンから二連覇）、ユーゴプラスティカ・スプリット（Jugoplastika Split）（1988/89 年シーズンから三連覇！）が頂点に立っている。総合スポーツ協会パルティザン・ベオグラードのバスケットボール・チーム（KK Partizan Beograd）は、1991/92 年シーズンに同タイトルを獲得しており、これによりベオグラードは、マドリード、バルセロナ、ミラノと並び、サッカーとバスケットボールの両方で欧州タイトルを持つ都市となった。

　国際的な実績としては、やはりユーゴプラスティカは他を圧倒する。先述したヨーロッパリーグ三連覇という偉業は、同大会の草創期に ASK リガ（当時ソ連のラトヴィノ）が達成して以来の快挙であった。チームの面々の多くは、のちにシカゴ・ブルズで、マイケル・ジョーダンらとともに黄金期を形成するトニー・クーコッチ（Toni Kukoč）をはじめ、三連覇達成後にアメリカや欧州各地に活躍の場を移し、それぞれの地でやはり栄冠を獲得している。

　個人として、ユーゴスラヴィアのバスケットボールを語る際に触れなければいけない人物は少なくないが、中でもその実力と悲劇性から人びとの記憶に強く刻まれているの

バスケットボールの試合会場といえばこちらピオニール・ホール。屋外でもバスケ。(*Review*, 1978 年 12 月号, 23)

は、ラディヴォイ・コラチ（Radivoj Korać）とドラジェン・ペトロヴィチ（Dražen Petrović）だろうか。

　コラチはヴォイヴォディナ自治州のソンボル（Sombor）で生まれ、1954 年、16 歳のときに OKK ベオグラードでキャリアを始めた。ジュチュコ（Žučko）の愛称で親しまれた若きパワーフォワードは、チームをユーゴスラヴィア一部リーグで 4 度、カップ戦で 2 度の優勝に導いた。コラチは 7 年連続で得点王を獲得し、1 試合当たりの平均得点は 32.7 点に達した。その並外れた得点力は国際舞台でも発揮され、1964/65 シーズンの欧州チャンピオンズカップにおいては、スウェーデン王者アルヴィクとの試合で、99 点を決めている。

　コラチはユーゴスラヴィア代表に 1958 年に召集されると、代表の主力としても活躍した。1967 年にはベルギーのリエージュに移籍し同地でベルギー王者となると、翌 68 年にはイタリアのパドヴァへ移籍した。選手として円熟期に差し掛かっていたコラチだったが、サラエヴォで行われたユーゴスラヴィア代表とボスニア・ヘルツェゴヴィナ選抜との練習試合に出場した帰路、交通事故で亡くなってしまった。1969 年 6 月 2 日、享年 30 歳であった。国際バスケットボール連盟は、1971 年、コラチの栄光をたたえ「コラチ・カップ」を設立し、欧州チャンピオンズカップ、カップウィナーズカップに次ぐタイトルに位置づけた。

　一方のペトロヴィチは、アドリア海沿岸の街シベニク（Šibenik）で、セルビア人の父とクロアチア人の母の間に生を受け、地元のクラブチーム KK シベニクでそのキャリ

アをスタートさせた。KK シベニクは強豪ではなかったが、ペトロヴィチの活躍もあり、1983 年にはユーゴスラヴィア一部リーグで優勝を果たし（のちに審判の不正が指摘されタイトルは剥奪される）、コラチ・カップでも 1981/82 シーズンから 2 年続けて準優勝に輝いた。この 3 回を除き、KK シベニクにはタイトルらしいタイトルがないところからも、ペトロヴィチの実力がうかがい知れる。84/85 シーズン、国内の強豪ツィボナ・ザグレブに移籍し、同年にリーグとカップの二冠を獲得し、さらに欧州チャンピオンズカップでも二連覇を達成する。国内リーグ優勝一回、国内カップ戦優勝三回、三つの欧州タイトルを残し、ペトロヴィチは 1988 年には欧州の強豪レアル・マドリードへ、翌 89 年にはアメリカ NBA のポートランド・トレイルブレイザーズに移籍し、NBA で活躍するユーゴスラヴィア出身選手の草分け的存在となる。

　ユーゴスラヴィア代表としても、ペトロヴィチは多くの栄冠を手にした。ハイライトは、1989 年の欧州選手権（ザグレブ）と翌 90 年の世界選手権（ブエノスアイレス）での優勝である。代表では、ユーゴプラスティカ三連覇のメンバーであったクーコッチやディノ・ラジャ（Dino Rađa）、のちに NBA サクラメント・キングスのレジェンドとなるヴラデ・ディヴァツ（Vlade Divac）らとともにプレーしていた。

　バスケットボールの代表がタイトルを獲得していた当時、国家としてのユーゴスラヴィアは大きく揺れ動いていた。その影響は代表にも影を落とし、ブエノスアイレスでの優勝に際しては、クロアチア系選手がクロアチア国旗を掲げ、この一件をめぐりペトロヴィチは兄弟のように仲の良かったセルビア人のディヴァツとたもとを分かつことになった。ユーゴスラヴィア代表として数々の栄光をチームにもたらしたペトロヴィチは 1992 年にはクロアチア代表としてバルセロナ五輪の舞台に立っていた。

　ペトロヴィチもまた、選手としての円熟期を迎えようとするときに、自動車事故でこの世を去った。ドイツ連邦共和国バイエルン州のアウトバーン 9 号線、折からの雨でスリップしたトラックが、中央分離帯を越えて対向車線にはみ出し、ペトロヴィチが乗車していたフォルクスワーゲンがそこに突っ込んだ。運転していたのは、彼の恋人であったドイツ人モデルで、その母親も同乗していたが、助手席に座り睡眠中だったペトロヴィチだけが死亡した。享年 28 歳。現在、その名は、かつての古巣であるツィボナのスタジアムに残されている。（百瀬亮司）

世界一を勝ち取った 1978 年世界選手権（マニラ）決勝、対ソ連戦の 1 シーンが表紙を飾る『Review』誌。白がユーゴスラヴィア代表。（同, 表紙）

ハイドゥク・スプリット、1971 年にリーグを制した際のイレブン。(*Review*, 1971 年 7-8 月号 , 44)

ビッグフォー――ユーゴスラヴィア・サッカーを代表する四強

　ユーゴスラヴィアの文脈でビッグフォー（velika četvorka）といえば、ツルヴェナ・ズヴェズダ（Crvena zvezda）、パルティザン（Partizan）、ディナモ・ザグレブ（Dinamo Zagreb）、ハイドゥク・スプリット（Hajduk Split）の 4 つのフットボールクラブを指す。1946 年のサッカー 1 部リーグ開幕以降、この 4 チーム以外のチームがリーグタイトルを獲得したのは 5 シーズンのみである。

　これらの 4 チーム相互のライバル意識は強烈なものがあった。共にベオグラードをホームグラウンドとするズヴェズダとパルティザンの「永遠のダービー」、ディナモとハイドゥクのクロアチア・ダービー、そしてディナモとズヴェズダのナショナル・ダービー、いずれもプライドと因縁に満ち満ちている。

　ビッグフォーの成績は表のとおり、一部リーグにおける実績はベオグラードの二チームが突出している。

　ズヴェズダは、第二次世界大戦のさなか、セルビア反ファシズム青年統一同盟内で結成されたスポーツ組織、青年体育協会にそのルーツを持つ。ツルヴェナ・ズヴェズダ（「赤い星」の意）の名称は、当時の指導部による議論の末に選択され、現在まで続く赤白のユニフォーム・カラーもこの時に決定された。ズヴェズダは社会主義ユーゴスラヴィアにおいては他を圧倒する強豪として君臨していたが、そのハイライトは欧州チャンピオンズ

パルティザン　　　　　　　　　　　　ツルヴェナ・ズヴェズダ

ハイドゥク　　　　　　　　　　　　　ディナモ

ビッグフォー各チームのエンブレム。パルティザンのエンブレムはキリル文字・ラテン文字の双方が使用されている。

カップの優勝にあるだろう。1991年の欧州王者ならびにトヨタカップでの勝利は、ユーゴスラヴィア崩壊前夜の輝きとして異彩を放っているが、ベオグラードのチームとして「セルビア性」を押し出しつつあった時代状況から国民全員の喜びとしては受け取られなかった。

	リーグタイトル	カップタイトル
ズヴェズダ	18	12
パルティザン	10	4
ハイドゥク	6	8
ディナモ	4	7
その他合計	5	11

　パルティザンは、1945年、ユーゴスラヴィア・スポーツ協会「パルティザン」の一部門として、ユーゴスラヴィア人民軍（JNA）の管轄下に創設された。ライバルのズヴェズダが赤白のユニホームからツルヴェノ・ベリ（crveno-beli、「赤ー白」の意）のニックネームで呼ばれるならば、パルティザンは黒白のユニホームからツルノ・ベリ（crno-beli、「黒ー白」の意）と称されるが、チーム発足当初は青と臙脂の縦縞であった。パルティザンは、

ズヴェズダ、欧州チャンピオンズカップ優勝！（バーリ、1991年5月29日）(*NIN*, 1991年6月7日号, 39)

傾向として多民族性の強いチーム構成を特徴としていた。たとえば、パルティザン歴代のレジェンドには、セルビア人選手に加え、クロアチア人のスティェパン・ボベク（Stjepan Bobek）、コソヴォのゴーラ人ファフルディン・ユスフィ（Fahrudin Jusufi）、アルバニア系のジェヴァド・プレカジ（Dževad Prekazi / Xhevat Prekazi）などがいる。エンブレムにもラテン文字・キリル文字が併記されており、これらの傾向にはパルティザンが人民軍にルーツを持つことに起因するのかもしれない。

ザグレブには、戦前には1911年設立のグラジャンスキ（Građanski）というクラブがあり、王国時代には初代チャンピオンをはじめ多くの栄冠を手にしていた。戦後、グラジャンスキが解体されると、選手の多くやチームカラーを受け継ぐクラブが設立され、ディナモ・モスクワをモデルとして、「ディナモ」の名がつけられた。ディナモは1960年代にはフェアーズカップ（現UEFAカップ）獲得など国際的な成果を残す一方で国内タイトルには見放され、「連邦首都ベオグラードからの政治的圧力」についても疑念が向けられるほどだった。1970年代も不遇の時代が続いたが、ついに1982年、のちにクロアチア代表やボスニア・ヘルツェゴヴィナ代表の監督としても名声をなすミロスラヴ・ブラジェヴィチ（Miroslav Blažević）に率いられ、24年ぶりのリーグタイトルに返り咲いた。1999年には三浦知良が在籍していたことでも知られる。

ビッグフォーの中で、最も長い歴史を誇るのがハイドゥクである。ハイドゥクは、グラ

欧州チャンピオンズカップ優勝決定後、ベオグラードで喜びにあふれる市民。（同，38）

栄光のチームはマグネットになって冷蔵庫を飾る。（ズヴェズダの公式ショップのグッズ、2014年）

　ジャンスキより2カ月早く、プラハで学ぶスプリット出身の学生たちの手により結成された。反体制的な匪賊を指す「ハイドゥク」というチーム名は、当時のオーストリア・ハンガリー当局から危険視されたが、クラブ設立者たちはむしろその名を誇りとした。ハイドゥクの黄金時代は1970年代に訪れる。4回のリーグ優勝もさることながら、カップ戦5連覇は他のどのチームもなしえていない快挙である。クラブ設立以来、一貫して用いられている「ハイドゥク」という名称に表される反骨心はクラブのアイデンティティであり、独立心の強いダルマチアを代表する強豪として、ビッグフォーの中でも独特の存在感を発揮しているクラブである。こちらも元日本代表の伊野波雅彦が一時期在籍していた。

　ユーゴスラヴィアの時代は一定の競争力を持っていた国内リーグも、崩壊とともに脆弱化の一途をたどった。かつてのビッグフォーも、共和国内では無敵ではあるが、国際舞台では結果を残せない「内弁慶」状態であり、現在は西欧ビッグクラブへの選手供給源となってしまっている。（百瀬亮司）

1964年、1部リーグ優勝に沸くズヴェズダのサポーター。(*Review*, 1964年9月号, 24)

サポーター文化――フーリガニズムが民族主義に

　ユーゴスラヴィアでは、スポーツ人気は一般的に高かった。その中でも、サッカーやバスケットボール、バレーボールなどの球技は特に人気が高く、自らが市民クラブの一員としてプレーを楽しむ人もいれば、サポーターとしてクラブの応援に熱をあげる人びとも少なからず存在していた。

　セルビア、とりわけベオグラードの市民は、ベオグラードの二つの総合スポーツクラブであるツルヴェナ・ズヴェズダとパルティザン、どちらかのサポーターに二分できると言われる。ノーベル賞作家アンドリッチはパルティザンのサポーターであり、特にバスケットボールの試合を好んで観戦していた。現在においても、ちょっとした会話の中で「ところで、お前はどっちを応援しているんだ？」というようなやり取りが交わされる。それぞれの肩を持つズヴェズダ派「ズヴェズダシュ（Zvezdaš）」とパルティザン派「パルティザナッツ（Partizanac）」は、永遠に相いれることはない。セルビア人からこの質問をさ

ザグレブの共和国広場（現イェラチッチ広場）に集うディナモ・サポーター。1982年、ディナモが久々に国内リーグを制した年。ユーゴスラヴィア国旗も見える。（*NK Dinamo 1945-1985*, Zagreb, 1985, 32）

れたら、回答いかんによっては、その人物とは敵味方の関係になることを覚悟しなければならない。

というのはもちろん冗談であり、このようなライトなサポーター同士の会話は友人間の戯言の域を出ないが、コアなサポーターはそうはいかない。とりわけ、ズヴェズダとパルティザンのサッカークラブを含むサッカーの強豪「ビッグフォー」には、それぞれ熱狂的なサポーター集団が組織化されている。ズヴェズダの「デリイェ（Delije）」、パルティザンの「グロバリ（Grobari）」、ディナモの「バッド・ブルー・ボーイズ（Bad Blue Boys）」、ハイドゥクの「トルツィダ（Torcida）」。「デリイェ」と「グロバリ」は、ズヴェズダ、パルティザンが総合スポーツクラブであるため、他競技にもサポーター集団が存在するが、サッカーのそれは良くも悪くもとりわけ「熱狂的」だ。彼らは文字通り「永遠に相いれない」間柄である。

ほかの欧州諸国と同様に、サポーター文化が話題になるのは、主として彼らの「行儀の悪さ」が注目されるときであった。いわゆる「フーリガン」たちの活動である。欧州では、特に1970年代以降、サッカーの試合におけるフーリガンによる暴力行為が社会問題として取り上げられるようになっていた。ユーゴスラヴィアにおいても、他の多くの思想と同じように、西側から伝播するかたちでフーリガニズムが浸透し、その過程の中で上記のサポーター集団の組織化がなされた。1950年に開催されたワールドカップ・ブラジル大会に感化され結成された「トルツィダ」を除けば、「グロバリ」は1970年、残りの二

1977年バスケットボール欧州選手権ベルギー大会決勝戦に集まったユーゴスラヴィアサポーター。ソ連を下し欧州選手権三連覇を達成した。サポーターはベルギー周辺諸国の出稼ぎ労働者が中心だった。(Review, 1977年11月号, 4)

つは1980年代の後半に、複数のサポーター集団が組織化されて大型化した。

これらの集団は、欧州の他の地域のフーリガニズムとの共通性を持っていた。たとえば、メンバーとして10代から20代の若者が動員されていた点、飲酒行為との親和性の強さ、スタジアムにおける縄張り意識や、発煙筒などを使用したスタイルといったあたりが、共通点として指摘できる。

一方、この地域のフーリガニズム独自の特徴としては、1980年代の社会の動揺の中で、それぞれが自民族のシンボルを積極的に用いるようになっていたことがある。それが最も顕著なかたちであらわれたのは、1990年5月にザグレブで行われたディナモ対ズヴェズダ戦であった。この試合で、両サポーター集団による小競り合いが暴動へと発展し、警官隊が出動、さらにはディナモの選手であったズヴォニミル・ボバン（Zvonimir Boban）が「サポーターを守ろうとして」（本人談）警官にとび蹴りを見舞う騒ぎとなった。セルビアとクロアチアの政治的な対立が、象徴的な形で人びとの眼前に繰り広げられた瞬間であった。この時から、ユーゴスラヴィアの解体は後戻りできない過程に入ってしまったと指摘する者もいる。

1990年代の内戦においては、サポーター集団から多くの若者が参戦した。サポーターの衝突に関連する事件では、39人の死者を出した1985年のヘイゼルの悲劇が有名だが、ユーゴスラヴィアではスタジアムでの騒動だけでなく、多くの戦場でサポーターが武器をとって殺し合う悲劇が存在していたのだ。（百瀬亮司）

1974年、サッカーワールドカップ西ドイツ大会で、ボスニアのヤイツェ（Jajce）からフランクフルトを訪れたユーゴスラヴィアサポーター。「進めユーゴスラヴィア！ ヤイツェのサポーターがついている」（*Review*, 1975年4月号, 36）

ディナモ・ザグレブのホームスタジアム、「マクシミル」。1990年のディナモ対ズヴェズダ戦で暴動が起き、連邦解体の幕開けを告げた。（*Zagreb*, 1985, 231）

サラエヴォ冬季五輪の閉会式の模様（*Review*, 1985 年 3-4 月号, 26-27）

「東欧」における最初で最後のオリンピック――モスクワとロサンゼルスのはざまで

サラエヴォ冬季五輪にまつわる品々。（ユーゴスラヴィア史博物館（ベオグラード）の企画展示、2013 年、鈴木撮影）

　45 年というおそらくは「短い」歴史のなかで、ユーゴスラヴィアは一度だけオリンピックを開催している。1984 年 2 月 8 日から 12 日間、ボスニア・ヘルツェゴヴィナのサラエヴォで行われた第 14 回冬季オリンピック競技大会。共産圏では初めての冬季五輪で、故サマランチ元 IOC 会長の長期「政権」における最初の大会であった。1980 年のモスクワ、1984 年のロサンゼルスと冷戦の東西陣営が「ボイコット合戦」を繰り広げた夏季大会のちょうど狭間に、「東西」どちらにも依らないユーゴスラヴィアで冬季大会が開かれたのは興味深いめぐり合わせである（参加拒否国もなく、のべ 49 か国の代表が 6 競技 39 種目に参加した）。

　当時国内は 80 年代初めからの不況で経済状況があまり芳しくなかったものの、共産党政権はその威信をかけて資金を投

入し、競技施設や選手村など必要なインフラ設備が整えられた。ただ、降雪地域は多いものの、スロヴェニアを除いて、この時代にウィンタースポーツは国内でさしたる人気もなく、むしろ大会の開催がその関心を高めることになった（それで札幌やヨーテボリ（スウェーデン）といった他の候補地をよくもまあ押し退けたと思うが、国が解体した1990年代以降になって、スロヴェニアやクロアチアではスキー種目で強豪選手が登場する。ちなみに、札幌は72年に冬季大会を開催しているが、78年のIOC総会に向けて、僅か6年も経たないあいだになぜか再度立候補し、総会の投票では2票差でサラエヴォに敗れた）。そんな状態であったから地元選手の活躍も大して望めず、スロヴェニア人のユーレ・フランコ（Jure Franko）がアルペンスキー男子大回転で銀メダルを獲得するだけに留まった（これがユーゴスラヴィア最初の冬季五輪メダル）。それでも4年に1度の世界最大のスポーツ大会は、（なんだかよく分からなくても）サラエヴォや国中を大いに盛り上げ、国民のあいだにはユーゴスラヴィア時代のおそらく最後の華やかな記憶のひとつとして刻まれた。とくに、唯一のメダルに輝いたフランコの応援として用いられた〈ブーレクよりユーレクが好き（Volimo Jureka više nego bureka）〉（「ブーレク」はユーゴスラヴィア地域でよく食される肉や野菜のパイ料理）というキャッチフレーズは、この「サラエヴォ'84」の一幕として、国が分かれた今でも人々のなかに共有される「名台詞」となっている。

しかし皮肉にも、平和の象徴である五輪を東欧で唯一開催した街は、その8年後、連邦の解体に伴うボスニア・ヘルツェゴヴィナ紛争の戦禍に包まれた。1995年のデイトン合意を経た戦後、街は着実に復興の道を歩むが、五輪の開閉会式が行われたスタジアムの隣には戦争で亡くなった多くの市民や兵士が埋葬された広大な市営墓地がある。かつてはここはスタジアム併設の補助グラウンドであったが、街が包囲された戦争中、敷地不足か

サラエヴォ五輪のマスコット「ヴチュコ」（狼がモチーフ）とロゴをあしらったしおり。サラエヴォの土産物屋に売られていた（2013年）

ヴチュコも各種競技にいそしむ。(Sarajevo '84: Tout sur les jeux = All on the games = Alles über die Spiele = sve o igrama, Sarajevo, [1984], 69)

五輪会場の巨大なヴチュコ(Review, 1983年, 206号, 22)

ら墓地に転用された。一方、市内の土産物屋など、街のところどころには、今でも当時のマスコット「ヴチュコ（Vučko）」を見かけたりする。

ちなみに、その他の夏季と冬季のオリンピックでは、社会主義ユーゴスラヴィアは旅費が捻出できず不参加だった1960年のスコーバレー冬季大会を除きすべての大会に出場している（1980年モスクワ、1984年ロサンゼルスのどちらにも参加）。伝統的にスポーツ全般に対する人気が高く、とくにサッカー、バスケットボール、バレーボールなどの球技が強い。サッカーは1960年ローマ大会、バスケットは80年モスクワ（男子）、ハンドボールは72年ミュンヘン（男子）、80年モスクワ（女子）、84年ロサンゼルス（男女）、水球は80年モスクワ、84年ロサンゼルス、88年ソウルで金メダルを獲得しており、なかなかの強豪国であった。各競技の代表チームは基本的に青を基調にしたユニフォームを着用し、「プラーヴィ（plavi）」（「青」の意）の愛称で親しまれた。なお、サッカー男子の元日本代表監督で、最近はすっかり「ご意見番」となったイヴィツァ・オシムが、1964年の東京大会でサッカーのユーゴスラヴィア代表として来日しているのはちょっと知られた話。順位決定戦では、往年の釜本や川渕（後のJリーグ・チェアマン、日本サッカー協会会長）らを擁する日本と戦い、自身も2ゴールをあげて6対1での勝利に貢献している。（鈴木健太）

ユーゴスラヴィア初の冬季五輪のメダル（銀）を受賞するユーレ・フランコ（*Review*, 1984 年, 209 号, 6）

「ユーレ・フランコ、大回転で銀」──フランコの銀メダルを伝える翌日の『オスロボジェーニェ（解放）』紙（サラエヴォ、1984 年 2 月 15 日号）1 面

「プラーヴィ（青）」と呼ばれたユーゴスラヴィア代表（写真は 1984 年の夏季五輪、ロサンゼルスでのサッカー代表イレブン）（*Review*, 1984 年, 210 号, 44）

オリンピックにおけるユーゴスラヴィア代表のメダル獲得総まとめ

(団体種目の獲得選手は割愛)

開催年	開催地	夏/冬	回	種目	メダル	獲得選手（個人種目）
1948	ロンドン	夏	14	ハンマー投	銀	イヴァン・グビヤン Ivan Gubijan
				サッカー	銀	
1952	ヘルシンキ	夏	15	ボート 舵なしフォア	金	
				サッカー	銀	
				水球	銀	
1956	メルボルン	夏	16	マラソン	銀	フラニョ・ミハリッチ Franjo Mihalić
				サッカー	銀	
				水球	銀	
1960	ローマ	夏	17	サッカー	金	
				レスリング グレコローマン67kg級	銀	ブランコ・マルティノヴィチ Branko Martinović
1964	東京	夏	18	レスリング グレコローマン87kg級	金	ブラニスラヴ・シミッチ Branislav Simić
				体操 あん馬	金	ミロスラウ・ツェラル Miroslav Cerar
				水球	銀	
				体操 鉄棒	銅	ミロスラウ・ツェラル
				レスリング グレコローマン63kg級	銅	ブランコ・マルティノヴィチ
1968	メキシコシティ	夏	19	水球	金	
				体操 あん馬	金	ミロスラウ・ツェラル
				競泳 女子100m平泳ぎ	金	ジュルジャ・ビェドヴ Đurđa Bjedov
				レスリング グレコローマン70kg級	銀	ステヴァン・ホルヴァート Stevan Horvat
				競泳 女子200m平泳ぎ	銀	ジュルジャ・ビェドヴ
				バスケットボール	銀	
				レスリング グレコローマン87kg級	銅	ブラニスラヴ・シミッチ
				ボクシング ライト級	銅	ズヴォンコ・ヴィン Zvonko Vujin
1972	ミュンヘン	夏	20	ハンドボール	金	
				ボクシング ライトヘビー級	金	マテ・パルロヴ Mate Parlov
				レスリング グレコローマン90kg級	銀	ヨシプ・チョラク Josip Čorak
				レスリング グレコローマン82kg級	銅	ミラン・ネナディチ Milan Nenadić
				ボクシング ライトウェルター級	銅	ズヴォンコ・ヴィン

1976	モントリオール	21	夏	レスリング グレコローマン 82kg 級	金	モミル・ペトコヴィチ Momir Petković
				カヌー カナディアンシングル 1000m	金	マティヤ・リュベク Matija Ljubek
				ボクシング ライトミドル級	銀	タディヤ・カチャル Tadija Kačar
				レスリング グレコローマン 57kg 級	銀	イヴィツァ・フルギッチ Ivica Frgić
				バスケットボール	銀	
				ボクシング ライト級	銅	アツェ・ルセフスキ Ace Rusevski
				カヌー カナディアンシングル 500m	銅	マティヤ・リュベク
				柔道 80kg 級	銅	スラヴコ・オバドヴ Slavko Obadov
1980	モスクワ	夏	22	ボクシング ライトヘビー級	金	スロボダン・カチャル Slobodan Kačar
				バスケットボール 男子	金	
				ハンドボール 女子	銀	
				水球	銀	
				ボート ダブルスカル	銀	ミロラド・スタヌロヴ Milorad Stanulov ゾラン・パンチッチ Zoran Pančić
				バスケットボール 女子	銅	
				柔道 95kg 超級	銅	ラドミル・コヴァチェヴィチ Radomir Kovačević
				レスリング フリースタイル 68kg 級	銅	シャバン・セイディウ Šaban Sejdiu
				ボート 舵つきペア		
1984	サラエヴォ	冬	14	アルペンスキー 男子大回転	銀	ユーレ・フランコ Jure Franko

サラエヴォ五輪のスケート競技等が行われ、現在は市民の多目的スポーツ施設として利用されるゼトラ（Zetra）のオリンピック・ホール（2014年）

かつて補助グランドだった市営墓地。奥に見えるのがゼトラのオリンピックホールやスタジアム。（2007年、写真はどちらもサラエヴォ、鈴木撮影）

1984	ロサンゼルス	夏	23	水球	金	
				ハンドボール 男子	金	
				ハンドボール 女子	金	
				ボクシング ライトヘビー級	金	アントン・ヨシポヴィチ Anton Josipović
				レスリング グレコローマン 68kg級	金	ヴラド・リシャク Vlado Lisjak
				レスリング フリースタイル 52kg級	金	シャバン・トゥルステナ Šaban Trstena
				カヌー カナディアンペア 500m	金	マティヤ・リュベク Matija Ljubek ミルコ・ニショヴィチ Mirko Nišović
				ボクシング フライ級	銀	レジェプ・レジェポフスキ Redžep Redžepovski
				カヌー カヤックシングル 1000m	銀	ミラン・ヤニッチ Milan Janić
				レスリング グレコローマン 100kg超級	銀	レフィク・メミシェヴィチ Refik Memišević
				カヌー カナディアンペア 500m	銀	マティヤ・リュベク ミルコ・ニショヴィチ
				サッカー	銅	
				バスケットボール 男子	銅	
				ボクシング ライトウェルター級	銅	ミルコ・プゾヴィチ Mirko Puzović
				ボクシング スーパーヘビー級	銅	アジズ・サリフ Aziz Salihu
				レスリング グレコローマン 100kg級	銅	ヨージェフ・テルテイ Jožef Tertei
				レスリング フリースタイル 52kg級	銅	シャバン・セイディウ
				ボート ダブルスカル	銅	ミロラド・スタヌロヴ ゾラン・パンチッチ
1988	カルガリー	冬	15	アルペンスキー 女子回転	銀	マテヤ・スヴェート Mateja Svet
				スキージャンプ団体	銀	
				スキージャンプ ラージヒル個人	銅	マティヤシュ・デベラク Matjaž Debelak

五輪施設のいま。ゼトラのオリンピックホール付近に残るヴチュコの壁画（左）とビルボード（右）

				射撃 女子10mエアピストル	金	ヤスナ・シェカリッチ Jasna Šekarić
				射撃 男子10mエアライフル	金	ゴラン・マクシモヴィチ Goran Maksimović
				水球	金	
				バスケットボール 男子	銀	
				バスケットボール 女子	銀	
				レスリング フリースタイル52kg級	銀	シャバン・トゥルステナ
1988	ソウル	夏	24	卓球 男子ダブルス	銀	イリヤ・ルプレスク Ilija Lupulesku ゾラン・プリモラツ Zoran Primorac
				ハンドボール 男子	銅	
				ボクシング ライトヘビー級	銅	ダミル・シュカロ Damir Škaro
				ボート 舵なしペア	銅	サディク・ムイキッチ Sadik Mujkić ボヤン・プレシェルン Bojan Prešern
				卓球 女子ダブルス	銅	ゴルダナ・ペルクチン Gordana Perkučin ヤスナ・ファズリッチ Jasna Fazlić
				射撃 女子 25mピストル	銅	ヤスナ・シェカリッチ

サラエヴォの鉄道駅前に今も残る看板。30年を経て色あせた五輪会場の案内図に、おそらく1990年代の内戦で被ったと思われる弾痕が多数見える。幸いにもヴチュコは「無傷」。(両頁の写真はいずれも、鈴木撮影、サラエヴォ、2014年)

1986年水球世界選手権スペイン大会優勝チーム。上半身の鍛え方が尋常ではない。(*JAT Review*, 35 (1986), 55)

水球──サッカー、バスケをもしのぐ国際的名声

　水球（vaterpolo）は日本ではマイナースポーツの一角に燦然と輝いているが、ユーゴスラヴィアではサッカーやバスケットボールと並び、世界に伍する実力を伴った代表チームが存在していた人気競技の一つである。ユーゴスラヴィア解体後の後継諸国においても水球代表は強豪ぞろいで、モンテネグロでは国技として扱われている。

　水球はアメリカで誕生し、19世紀末に欧州にも上陸した。欧州ではドイツで始められ、ついでフランス、ベルギー、オーストリア、ハンガリーに伝わった。ユーゴスラヴィアには、ドイツ、オーストリア、ハンガリーに留学していた学生たちの手によって伝えられた。1907年、ソンボル（当時はオーストリア・ハンガリー領）のスポーツ協会で水球が正式な競技種目として登録されたのが、ユーゴスラヴィア地域における水球の始まりである。1921年にはウィーンで学んだ学生たちがザグレブで、クロアチア学士スポーツクラブ（Hrvatski akademski športski klub、略称 HAŠK）内に水球部門を設立し、以降、リュブリャナ、スシャク（Sušak）、スプリット、ドゥブロヴニク、コトル、カルロヴァツ（Karlovac）に相次いで水球チームが設立された。これらがのちの水球クラブチームの原型となる。

　水球ユーゴスラヴィア代表は、セルビア人・クロアチア人・スロヴェニア人王国時代から世界的な強豪の一つに名を連ねている。水球には主要コンペティションとして、オリンピック、欧州選手権、世界選手権（いわゆる「世界水泳」の水球競技）、ワールドカップの4つがあり、ユーゴスラヴィア代表はいずれのコンペティションでも優勝を経

パルティザン水球クラブ。欧州クラブ選手権で6回目の優勝を飾った1976年当時のチーム。絵面のインパクトがすごい。(Review, 1976年1月号, 36)

験している。オリンピックには1936年のベルリン大会以降、1988年のソウル大会まで12回すべてのコンペティションに出場し、金メダル3つ、銀メダル4つを獲得している。欧州選手権参加の歴史は五輪より古く、1927年の第2回ボローニャ大会から参加しているものの、長くタイトルに届かずにいた。ユーゴスラヴィア崩壊直前の1991年のアテネ大会でようやく初優勝し、社会主義ユーゴスラヴィアとして最初で最後の欧州選手権タイトルを獲得した。1973年から開催された世界選手権でも2度の優勝に輝き、1991年の優勝は欧州選手権とのダブルタイトルとなった。ワールドカップでも、1987年と1989年の二連覇を達成している。

　国内リーグ戦もユーゴスラヴィア王国時代から存在しており、社会主義時代にはチーム数も増え、カップ戦も設立された。強豪としては、ユーゴスラヴィア王国時代以来の古豪であるユーグ・ドゥブロヴニク（Jug Dubrovnik）、ザグレブのムラードスト（Mladost）、ヤドラン・スプリット（Jadran Split）ら、伝統あるクロアチア勢と、パルティザン・ベオグラードが挙げられる。最多優勝回数記録はユーグが保持しているが、戦後はパルティザンの強さが目立っている。

　ユーゴスラヴィア崩壊後、スロヴェニアのクラーニ（Kranj）で行われた水球欧州選手権では、決勝でセルビア・モンテネグロとクロアチアが激突、接戦の末前者が勝利した。クロアチアサポーターは激昂し、観客席の椅子をはずして暴れる者も現れ、観客席はサポーター同士の対立で騒然とした。水球もまた、他の球技同様に、彼らのプライドを大きく揺さぶる魂の競技なのだ。（百瀬亮司）

ボヤン・クリジャイ、1979/80 シーズンの雄姿。(*Review*, 1980 年 4 月号, 6)

スキー——スロヴェニア人のナショナル・スポーツ

　ユーゴスラヴィア・スキー連盟（Skijaški savez Jugoslavije）は 1948 年に設立され、それに先立つ 1946 年からは国内でスキー選手権も開催されていた。多くのスポーツ競技の中心がセルビアとクロアチアに集中する中で、スキーをはじめとするウィンタースポーツに関しては、国内にユリアン・アルプスを抱えるスロヴェニアに一日の長があり、スロヴェニア人自身もウィンタースポーツに親しみを感じ、自らのナショナル・スポーツに位置づけていた。スロヴェニア共和国内の表彰であったスロヴェニア年間最優秀スポーツ賞においてもスキー競技者の受賞が目立つ。

　ユーゴスラヴィアで最も称賛を集めたスキーヤーは二人、ともにスロヴェニア人であった。一人はユーレ・フランコ、もう一人はボヤン・クリジャイ（Bojan Križaj）である。フランコはなにより、1984 年のサラエヴォ冬季五輪において大回転で二位に入り、ホスト国ユーゴスラヴィアに唯一のメダルをもたらした選手である。このメダルはさらに、冬季五輪におけるユーゴスラヴィア初のメダルでもあった。ちなみに、フランコ含め、冬季五輪でメダルを獲得したユーゴスラヴィアのスキーヤーはすべてスロヴェニア人である。クリジャイは、オリンピックでは 1980 年レークプラシッド大会の 4 位が最高であったが、キャリア全体の総合的な実績からいえばフランコをしのぐ。ワールドカップでは 8 勝を挙げ、1986/87 シーズンには回転部門の総合優勝に輝き、クロアチアの『スポルツケ・ノヴォスティ』紙選考のユーゴスラヴィア年間最優秀男子選手賞に 3 度選ばれている。サラエヴォ冬季五輪では選手宣誓の任を務めたが、セルビア・クロアチア語ではな

スロヴェニアのスキーリゾート、と思いきや、ここはまさかのコソヴォ。セルビア南部からコソヴォにかけての地域にも、高山リゾートが整備された。(*Review*, 1980 年 3 月号, 43)

くスロヴェニア語で宣誓を行ったことが物議をかもした。

女子スキーヤーの代表格もやはりスロヴェニア人ある。マテヤ・スヴェート（Mateja Svet）は大回転のジュニア世界チャンピオンとしてサラエヴォ冬季五輪に参加した。1987/80 シーズン、ワールドカップの大回転部門で総合優勝、カルガリー五輪でも銀メダルを獲得した。1987 年には、ユーゴスラヴィア最優秀アスリートと、ユーゴスラヴィア年間最優秀女子選手賞をダブル受賞した。

ユーゴスラヴィア解体後にも、クロアチアのイヴィツァ（Ivica）とヤニツァ（Janica）のコステリッチ（Kostelić）兄妹（アルペン）、スロヴェニアのプリモシュ・ペテルカ（Primož Peterka）（ジャンプ）といった、北の二共和国出身選手を中心に、スキー競技の伝統は受け継がれている。（百瀬亮司）

射撃——社会主義時代は女性が活躍

　ユーゴスラヴィアの射撃競技の歴史は、ユーゴスラヴィア王国時代には主にセルビアによって担われ、社会主義時代には他のスポーツ同様に、ツルヴェナ・ズヴェズダをはじめとする総合スポーツクラブの一部門として発達した。第二次世界大戦終了後の1946年には、セルビアの古都クラグイェヴァツで戦後初めての国内選手権が開催され、1948年にはユーゴスラヴィア射撃連盟（Streljački savez Jugoslavije）が発足した。

　1988年の統計によると、ユーゴスラヴィア国内で約1,000の射撃協会があり、10万人を超えるメンバーが登録されていた。特徴的なのは、その約2割を女性が占めていたことである。全人民防衛のシステムが敷かれていたことも、射撃競技への人びとの参加を促したと考えられる。

　ユーゴスラヴィアでもっとも偉大な射撃競技選手も女性である。現在もセルビア国籍で現役を継続しているヤスナ・シェカリッチ（Jasna Šekarić）だ。ユーゴスラヴィア崩壊後の獲得タイトルも多数あるが、社会主義時代の1988年ソウル五輪において、10メートルエアピストルで金メダル、25メートルピストルで銅メダルを獲得している。彼女はオリンピック以外にも、世界選手権や地中海選手権で多くの金メダルを獲得しているが、2012年現在、オリンピックの金メダルはユーゴスラヴィア時代に獲得したこの1つである。シェカリッチはベオグラードに生まれたが、クロアチアのオシイェクで育ち、そこで射撃に出会った。その経歴から、彼女は金バッジ（ユーゴスラヴィア年間最優秀アスリート賞）を獲得しているのみならず、クロアチア最優秀女性スポーツ選手にも三度選出されている。先述したように、現在はセルビア国籍を選んだ彼女だが、ユーゴスラヴィア時代はクロアチアの選手として認識されていたことがうかがえる。ちなみに、ソウル五輪では男子でも、ゴラン・マクシモヴィチ（Goran Maksimović）が10メートルエアライフルで金メダルを獲得している。（百瀬亮司）

<small>ユーゴスラヴィア最高の射手、ヤスナ・シェカリッチ。五輪金メダルを獲得した当時、若干23歳。（写真はどちらも、JAT Review, 43（1989），69）</small>

体操──王国時代から続くスロヴェニア人の系譜

「社会主義圏の花形スポーツといえば？」と聞かれ、体操競技を連想する人は少なくないだろう。日本でも高名なルーマニアのナディア・コマネチ、チェコスロヴァキアのヴィエラ・チャスラフスカーら、伝説的な人気を誇る選手を輩出している。

「独自の社会主義」を奉じるユーゴスラヴィアの場合も、戦前にあった体育運動組織ソコル協会を基盤に、第二次世界大戦後も比較的早い段階から体操競技の発展が見られた。1988年には、国内に44の体操協会が設置され、7,000人が選手として活動していた。また、若年層に対する体育指導発展のために組織された「パルティザン」体育連盟の下でも体操競技は推進され、こちらでは20万人を超える子供たちが体育指導の一環として体操に従事していた。国内全体に広がるすそ野を持つ一方で、リュブリャナを筆頭に、ツェリェ（Celje）、イェセニツェ（Jesenice）、クラーニ、ノヴォ・メスト（Novo Mesto）など、スロヴェニアの諸都市から有力選手が誕生したことが体操競技の特徴だ。これには、ソコル協会だけでなく、カトリック系体操組織「オレル（鷲）連盟」（Orliška zveza）が設立され、体操競技の組織化が20世紀の早い時点から進んでいたことが背景にある。

ユーゴスラヴィアを代表する体操選手もやはりスロヴェニア人のミロスラウ・ツェラル（Miroslav Cerar）だ。ツェラルはオールラウンドの体操選手であったが、国際的には特にあん馬のスペシャリストとして1960年代には無敵を誇り、東京とメキシコシティの五輪で二大会連続の金メダルを獲得し、世界選手権、欧州選手権でもタイトルを総なめにした。14個の金メダルを含む総数23のメダルは、ツェラルをユーゴスラヴィア史上最も成功をおさめたスポーツ選手とする声を裏付ける実績だ。

ツェラルの圧倒的な偉業があるとはいえ、残念ながら彼以降のユーゴスラヴィア出身体操選手には目立った国際的実績が見られない。ツェラルは、ユーゴスラヴィア代表も経験した体操選手のズデンカと結婚し、長子ミロを授かった。体操界のサラブレッドと期待されたかどうか定かではないが、ミロは（賢明にも）体操選手の道を選ばなかった。彼は、法律を学び法律家の顔も持っていた父と、同様に法曹界に身を置き晩年には政界に進んだ母という、両親の持つ体操選手以外の面をなぞるように、法律家・政治家を志した。2014年9月にスロヴェニア共和国の首相に就任しており、道は違えど、父親同様のサクセス・ストーリーを歩んでいると言えるかもしれない。（百瀬亮司）

ツェラルはユーゴスラヴィアで最も栄誉に浴したスポーツ選手だ。
出典：オランダ国立公文書館
http://www.gahetna.nl/collectie/afbeeldingen/fotocollectie/zoeken/weergave/detail/q/id/aa2b446a-d0b4-102d-bcf8-003048976d84 (CC BY-SA 3.0)

ボクシング——コソヴォやマケドニアなど南部出身選手が活躍

ボクシングは、ユーゴスラヴィア王国時代から盛んで、第二次世界大戦以前の段階で13のクラブに約300人のボクサーが登録されていた。戦後は、その豊富な人材や組織を引き継ぐ形で、1948年にユーゴスラヴィア・ボクシング連盟（Bokserski savez Jugoslavije、略称BSJ）が組織された。BSJはまず、ボクサーのプロ活動を禁止し、それまでにプロ化していたボクサーに関してもアマチュア競技者に変更させた。

戦前の状況からボクシング競技人口は増加の一途をたどり、1988年までには登録クラブ数が57、登録ボクサー人口は2,800人を超えた。従来はベオグラード、ザグレブ、オシイェク、ノヴィ・サドに、ボクシング競技を牽引するクラブが集中していたが、クラブの増加に伴って多くの都市や地域でボクシングがプレーできる環境が整った。クラブ数やボクサーの数ではセルビアが他の地域をしのいでいたものの、スロヴェニアを除く各共和国・自治州では少なくとも200人以上のボクサーが登録され、経済後進地域のコソヴォにおいても、クロアチアに匹敵する270人ほどのボクサーが存在していた。実際、コソヴォのプリシュティナに開設されたクラブ、ラドニチュキ（Radnički）は、クラブ対抗戦でベオグラードのパルティザンに次ぐ優勝回数を誇る強豪に成長していた。

BSJは1957年から「金のグローブ（Zlatna rukavica）」のタイトルを設置し、大会を主催した。

ユーゴスラヴィア最強ボクサー、マテ・パルロヴ。(*Review*, 1978年1-2月号, 38)

当初は国内選手のみのコンペティションだったが、徐々に国外の選手も参加する大会となった。このタイトルは、国内外の強豪選手を選んでマッチメイクをしたために、定期的に実施された選手権以上に人びとの注目を集めた。1988年に開催が停止されるまで31試合が組まれ、その優勝者には2人の外国人選手も含まれている。

ユーゴスラヴィアにおける最強のボクサーは誰か？という質問に答えることは困難だが、獲得したタイトルの数で測れば元ＷＢＣ世界ライトヘビー級王者のクロアチア人、マテ・パルロヴ（Mate Parlov）ということになるだろう。パルロヴはミュンヘン五輪のライトヘビー級の金メダルをはじめ、欧州選手権と世界選手権のものも含め、4つの国際タイトルを手にしている。アマチュアで69戦65勝の成績を残してプロに転向し、24勝3敗2分けの成績を残した。

パルロヴ以外でも、ユーゴスラヴィアのボクサーは60年代の後半から国際舞台で大きな成果を残し始める。オリンピックでは、メキシコシティ、ミュンヘンの二大会連続で銅メダルを獲得したズヴォンコ・ヴイン（Zvonko Vujin）、モントリオールのライトミドル級銀メダリスト、タディヤ・カチャル（Tadija Kačar）、その弟で、モスクワ五輪のライトヘビー級金メダリストのスロボダン・カチャル（Slobodan Kačar）らが黄金時代を築いた。また、南の共和国・自治州出身者の活躍が目立つのもボクシングの特徴であった。1984年のロサンゼルス五輪では、ボスニア出身のクロアチア人アントン・ヨシポヴィチ

パルロヴが勝ち取ったメダルの数々。（*Review*, 1974年10月号, 47）

ブラティスラヴ・リスティチ（Bratislav Ristić）。「金のグローブ」タイトルを2度獲得した実力者。（*Review*, 1978年1-2月号, 38）

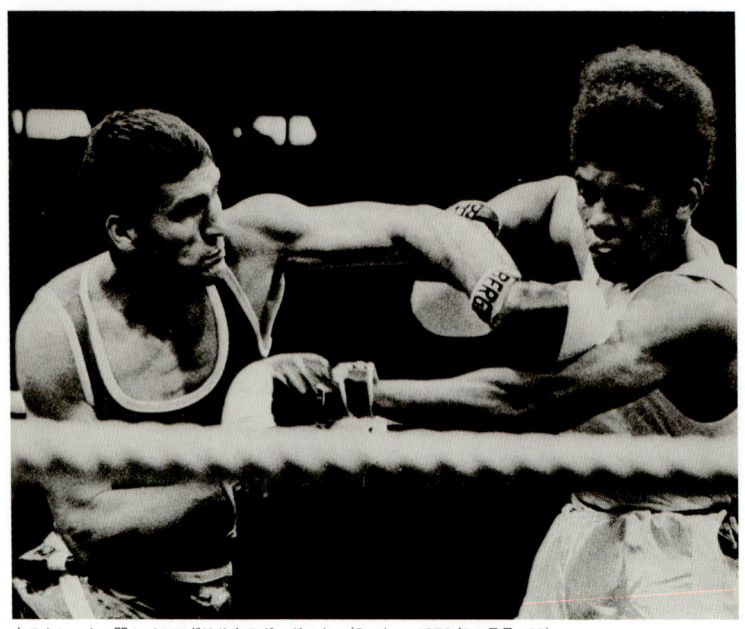

左ストレート一閃！パルロヴはサウスポーだった。(*Review*, 1976 年 4 月号 , 39)

（Anton Josipović）がライトヘビー級金メダル、コソヴォ出身のアルバニア人アジズ・サリフ（Aziz Salihu）がスーパーヘビー級で銅メダル、マケドニア出身のレジェブ・レジェポフスキ（Рецеп Рецеповски）がフライ級で銀メダルを獲得した。

彼らの躍進もあり BSJ は国際的にも存在感を持ち、ユーゴスラヴィアは二度の欧州選手権と一度の世界選手権のホスト国となっている。(百瀬亮司)

ミオドラグ・ペルノヴィチ（Miodrag Perunović）（左）。1979 年には、欧州アマチュアチャンピオンと地中海競技大会チャンピオンになり、同年の「金のグローブ」タイトルを獲得。(*Review*, 1980 年 4 月号 , 40)

1976年、パルロヴ対アディノルフィ（伊）戦。パルロヴが TKO 勝ちを収め、WBC 欧州ライトヘビー級王者となる。(*Review*, 1976 年 9 月号, 9)

1978年、パルロヴ対コンテ（英）戦に集まった観客。パルロヴにとっては初めての世界ライトヘビー級タイトル防衛戦で、40,000 人が集まったという。2－1 の判定でパルロヴが防衛に成功した。(*Review*, 1978 年 7-8 月号, 40)

レスリング——席巻するは「アレクサンダーの末裔たち」か？

スロヴェニア人にスキーがあるならば、アルバニア人とマケドニア人にはレスリングがある。レスリングは、ボクシングと並んで、南の共和国出身選手が活躍する競技だ。もちろん、クロアチアやセルビアにも好選手が生まれるが、他の競技と比した場合に、古代オリンピックにそのルーツが認められる格闘技については、マケドニアやコソヴォ出身選手の活躍が目立つ。マケドニアやコソヴォには「ペリヴァン」（pelivanstvo）と呼ばれる伝統的レスリングがあり、これも影響しているかもしれない。

ユーゴスラヴィア・レスリング競技連盟の設立はやや遅く1962年のこと。それまではユーゴスラヴィア重量競技連盟の一部門に置かれ、レスリング選手は柔道や空手、重量挙げのクラブ設立にも関わっていた。第二次世界大戦直後の時代、レスリングのクラブは存在せず、愛好家も少なかった。選手や関係者は、使わなくなった豚の皮や、使い古しの防水布を集め競技マットを作り、鉄くずからトレーニング用のダンベルを作る有様だった。

状況の改善に伴い、ミラン・エルツェガン（Milan Ercegan）のリーダーシップの下、競技環境が発展した。選手の技術向上を目指し立ち上げたアドリア杯大会には、近隣の社会主義諸国だけでなく、トルコやオーストリアなど「西側諸国」からも選手が集い始め、レベルの高い大会へと成長した。選手たちはこれに加え、ソ連やポーランドで開催される大会にも遠征し国際経験を重ねた。また、東ドイツ、ハンガリー、ブルガリア、ソ連などから高名なコーチを招聘し、選手のみならず指導者の育成にも着手した。

競技のすそ野は着実に広がり、各地にレスリングクラブが設立され、1980年代末にその数は75に上った。クラブの数ではクロアチアが最も多かった（25）が、これにマケド

グレコローマンで活躍したステヴァン・ホルヴァート（Stevan Horvat）。66年世界選手権（米、トレド）優勝の時の一枚。(M. R. Tubić, *Jugoslovenski sport: koreni, razvoj, razdruživanje*, Novi Sad, 2005, 89 左)

ニア（16）、ヴォイヴォディナ（15）が続いており、獲得したタイトルの数では後者二共和国・自治州がクロアチアを凌いでいたのが興味深い。

グレコローマンスタイルでは、スボティツァのスパルタク（Spartak）を筆頭にヴォイヴォディナのクラブが国内タイトルの6割近くを獲得した。1984年ロサンゼルス五輪で銅メダルを獲得したヨージェフ・テルテイ（Jožef Tertei / Törtei József）ら、ハンガリー人選手の活躍が目立つ点もほかの競技ではあまり見られない現象だろう。

一方のフリースタイルではヴァルダル（Вардар）などスコピエに本拠を置くクラブが国内タイトルの半分を獲得した。これに続くのも、ビトラ（Битола）、ティトフ・ヴェレス（Титов Велес）、シュティプ（Штип）などマケドニアの諸都市のクラブだ。グレコローマンのハンガリー人同様に、こちらでもシャバン・トゥルステナ（Šaban Trstena / Shaban Tërstena）、シャバン・セイディウ（Šaban Sejdiu / Shaban Sejdiu）ら、マケドニア出身のアルバニア人選手の名前が挙がる。主要国際大会において、トゥルステナは五輪の金・銅を含めた13個のメダル、セイディウは五輪の銅メダル二つを含めた6つのメダルを獲得、両者ともにユーゴスラヴィア最優秀アスリート賞（金バッジ）を獲得している。

そして、最後にミラン・エルツェガンに改めて触れる必要がある。エルツェガンは、第二次世界大戦後、戦前から生き残ったスポーツ関係者として、レスリング復興に尽力した。自らの教育者としてのキャリアから、特に競技指導論と指導者育成の分野で多くの著作を残している。活動の場は国内にとどまらず、1950年代から国際レスリング連盟の要職に就き、1972年からは30年間の長きにわたって会長を務めた。サマランチを彷彿とさせるその経歴は日本のレスリング界にももちろん知られており、日本の資料では「エルセガン」として登場する。レスリング界において東欧並びに中東圏が、現在にいたるまで政治力、実力双方で存在感を発揮している背景に、エルツェガンのマネジメントの影響を無視することはできないだろう。その在任期間を通じて、女子や若年層の大会開設に尽力したとする評価もあれば、これらのカテゴリーの発展に消極的だったとする評価もあり、とにかく毀誉褒貶の著しい人物である。エルツェガン自身が競技者でなかったこともあり、現在はその長期政権ゆえの弊害を指摘する声が多いが、レスリングの国際的な発展に彼の剛腕が寄与した部分も否定できないだろう。彼は、ユーゴスラヴィアのみならず、世界のレスリングにおける「ドン」だった。（百瀬亮司）

イヴィツァ・フルギッチ（Ivica Frgić）は、モントリオール五輪グレコローマン57kg級で銀メダルを獲得した。(*Review*, 1985年5-6月号, 30)

柔道——意外に広いすそ野から生まれた「ユーゴスラヴィア人柔道家」

　ユーゴスラヴィアにおいて初めて柔道が知られたのは意外と早く 20 世紀初頭のことであった。当初は柔道というよりは「柔術」であり、オーストリア・ハンガリー領内で戦闘技術の一つとして紹介され「ジュウジツ」や「ジウジツァ（džiu džica）」と呼ばれていたようだ。1920 年代には軍隊や警察で護身術として訓練されるようになり、フランスで教育を受けた将校たちの知識や経験を基に教本も作成された。

　スポーツとしての柔道が拡張する土台を作った人物として、ここではスロヴェニア人のオトー・バウムガルテン（Oto Baumgarten）に触れよう。スロヴェニアのトルボウリェ（Trbovlje）生まれのバウムガルテンは、ウィーンに留学していた際に柔道に出会ってこれに魅了され、当地の体育大学校で「ジュウジツ」教練の助手を務めるまでになった。ナチスの台頭により 1941 年にリュブリャナに移ったバウムガルテンは「ジュウジツ」の練習会を組織する。練習会は彼がダッハウ収容所に送られる 1944 年まで続いた。第二次世界大戦後の 1951 年から 1952 年にかけての数か月、バウムガルテンの門下生たちは師の遺志を継ぐように、リュブリャナのパルティザン体育協会（ベオグラードのパルティザンとは別）内に「ジュウジツ」冬季講習会を開いた。当時この講習会に参加した人びとが、のちのスロヴェニアにおける柔道の先駆者となる。

　ユーゴスラヴィアにおける柔道の源はザグレブにも求められる。1951 年はじめ、「ラデ・コンチャル」社で設計技師をしていたドイツ人捕虜フーゴ・ロシャンツ（Hugo Roschantz）がザグレブの学生を集めて柔道と護身術を教え始めた。ロシャンツは、英国で活動していた柔道団体「武道会」の元会員で初段の有段者であった。学生たちは「学生ボクシングクラブ」に所属していたが、同クラブ内に柔道部門を作り、のちには総合スポーツ協会「ムラードスト（Mladost）」内の柔道クラブとなる。これがユーゴスラヴィアで初めて結成された柔道クラブとされる。ムラードストではロシャンツが引き続き「師範」を務め、設立当初から 50 人規模の若者たちが稽古に励んでいた。同年 7 月にはザグレブのサマーフェスティバル屋外劇場で投げ技や組み手のデモンストレーションを行い、その技術を一般の人びとにも披露した。デモンストレーションで見せる投げ技のダイナミックな魅力に加え、護身術としての実益性、東洋思想に対する興味などが相まって、クロアチアとスロヴェニア、のちにはヴォイヴォディナを中心に多くの柔道クラブが設立された。

　1954 年にはユーゴスラヴィア重量競技連盟内にユーゴスラヴィア柔道連盟が置かれ、その翌年には早くも第一回のユーゴスラヴィア柔道選手権が開催された。1970 年以降は女子大会も正式に開催されるようになった。

　これと並行して、柔道愛好家や競技者の技術向上を目指して、日本人指導者を招いた柔道セミナー開催にも力が入れられた。1955 年に第一回セミナーが開かれ、以降のセミナーには醍醐敏郎や栗津正義といった日本の高位有段者だけでなく、英国のチャールズ・パーマーなど海外の実力者も招かれた。全ユーゴスラヴィアの柔道選手、コーチ、愛好家たちがこれに参加し、講道館の昇段試験や、審判の講習が企画されることもあった。柔道

のすそ野は確実に広がり、1980年には200を超える柔道クラブで総計およそ3万人の競技人口を抱えるまでになった。

このような競技環境から多くの名選手が生まれたが、特に「柔道家」として名高いのはラドミル・コヴァチェヴィチ（Radomir Kovačević）だろう。コヴァチェヴィチは1954年、ボスニア西部のドゥルヴァル（Drvar）に生まれた。小さなころからさまざまなスポーツに親しみ、特にレスリングは国内ジュニアチャンピオンになるほどの実力であった。しかし17歳の時、ベオグラードに来訪していた日本人柔道家・山本信明の指導を受け、柔道に自らのすべてをかけることを決意する。ユーゴスラヴィアではレスリングから柔道への転向や両者の掛け持ちは珍しいことではなかったが、コヴァチェヴィチは柔道に

コヴァチェヴィチの著書（1983年）

おいて特に才能を発揮し、ギムナジウムを卒業すると東海大学に留学する。コヴァチェヴィチは日本では「ラドミール・コバセビッチ」と呼ばれ、東海大でスポーツ哲学、スポーツ医学を学び、柔道部では山下泰裕の一年後輩としてチームを牽引、4年生時には外国人ながら主将を務め全日本学生柔道優勝大会四連覇を達成した。ユーゴスラヴィア代表としては、欧州選手権（1976年）、世界選手権（1979年）で銅メダルを獲得し、オリンピックではモントリオール、モスクワ、ロサンゼルスの三大会に出場してモスクワ大会96キロ超級で銅メダルを獲得した。これは東海大学夏季五輪のメダリスト第一号とされている。

コヴァチェヴィチは柔道家としてのキャリアを通じて独自の柔道哲学を確立し、第一線を退いた後は教育者として若者や子供たちを中心とした後進の指導に情熱を傾けた。彼の指導を受けた競技者、関係者たちは、その教育手法のみならず、東洋哲学にも深く根差した彼の人間性を賞賛していた。伝統的な柔道を尊重し、日本語でも『勝負——わが柔道の技と心』と題する書籍を著している（ベースボール・マガジン社から刊行）。

しかし2006年、ガンに犯されわずか51歳で早すぎる死を迎える。コヴァチェヴィチの死に際して、東海大のチームメイトであった山下は自らのホームページに哀悼の意をしるしている。そこには、東海大時代のコヴァチェヴィチが山下に語った言葉が綴られている。

「私は、柔道家らしく、男らしく、ユーゴスラヴィア人らしく、人間らしく生きたい。」

彼自身、祖国の崩壊については何も語っていないようである。柔道家として、ユーゴスラヴィア人として、祖国の末路をどのように見ていたのだろうか。（百瀬亮司）

現在のサラエヴォの街角。公園に開放された大型チェス盤に市民が集う。(鈴木撮影、2014 年)

チェス——世界的名手が率いる盤上の「スポーツ」

　ユーゴスラヴィア時代に刊行された新聞のスポーツ欄を見ると、往々にしてチェスのコーナーが存在し、各種戦績を報じるとともに、「次の一手」的な問題も掲載されている。また、ユーゴスラヴィアの総合スポーツクラブには、サッカーやバスケットボール、テニスなどとともに、チェス・クラブが存在している。日本でも、スポーツ新聞において将棋や囲碁が取り上げられるが、それ以上に、ユーゴスラヴィアではチェスはスポーツの一つとして明確に位置づけられている。競技人口も多く、学校や職場でのチェス競技会も盛んだった。

　ユーゴスラヴィアにおける国内一の名人を決める大会が、ユーゴスラヴィア・チェス選手権であった。選手権の歴史は、他の競技同様に、ユーゴスラヴィア王国時代にさかのぼることができる。社会主義時代にはその権威はさらに増し、各構成共和国で開催される選手権を勝ち抜いた代表が集い、チェス王者を決定していた。このほか、クラブ対抗の選手権も行われた。

　数ある名手の中でも、セルビアのスヴェトザル・グリゴリッチ（Svetozar Gligorić）は、国内選手権で最多 11 回の優勝を誇る「グランドマスター」である。1950 年にドゥブロヴニクで開催されたチェス・オリンピアードでは、ユーゴスラヴィア代表チームを最初で最後の金メダルに導いた。ちなみにこの大会には、ユーゴスラヴィアと決別していた

ベオグラード、カレメグダン公園内のチェスエリア。(鈴木撮影、2014年)

ソ連並びに東欧共産主義諸国は参加していない。以降、グリゴリッチ擁するユーゴスラヴィアは、オリンピアードではソ連の牙城を崩せなかったが、1950〜60年代を通じて表彰台の常連となった。グリゴリッチはチェスの定跡の開発といった理論面における発展にも貢献し、1958年にはユーゴスラヴィア最優秀アスリートに選ばれている。このことからも「チェス＝スポーツ」という認識をうかがい知ることができる。

　また、チェス競技そのものにとって、セルビア人のボリス・コスティチ（Boris Kostić）と、スロヴェニア人のヴァシャ・ピルツ（Vasja Pirc）は重要な存在だ。コスティチは王国時代に活躍した棋士で、1950年に国際チェス連盟が最高位タイトルとして「グランドマスター」を設置した際に、これに選ばれた27人の一人となった。ピルツは戦前から戦後にかけて活躍し、その名がチェスの定跡の一つであるピルツ・ディフェンスに残されている。

　ユーゴスラヴィアは、ソ連や他の東欧諸国と並び、チェスの強豪国として世界をリードし、その伝統は現在においても受け継がれている。チェス競技では、国際舞台の上位対戦で、アルメニア対セルビアなどといった、ほかではなかなかお目にかかれない組み合わせを見ることができる。これは、ソ連・東欧諸国のチェス競技の伝統が脈々と受け継がれている証左と言えるだろう。（百瀬亮司）

ユーゴスラヴィア史上最強の名人・グリゴリッチ。ボビー・フィッシャーとの交流でも知られる。(Review, 1975年12月号, 38)

世界中で大活躍！
——ユーゴスラヴィア移民のスポーツ選手

　ユーゴスラヴィア系移民の最大の活躍の舞台と言えば、何と言ってもスポーツ界だろう。もともと球技を中心にスポーツの盛んな旧ユーゴスラヴィア地域からの移民は、恵まれた体格とすぐれた身体能力を生かして、移民先でもトップクラスのスポーツ選手となっていった。

　ユーゴスラヴィア地域のナンバーワン・スポーツと言えばもちろんサッカーであるが、西欧を中心にこの地域からの移民の子供や孫たちが、それぞれの国のサッカー選手として活躍している。中でも最もよく知られているのは、時に奔放な言動が議論を呼ぶスウェーデンのフォワード、ズラタン・イブラヒモヴィチ（Zlatan Ibrahimović）だろう。ボスニアとクロアチアからの移民の両親のもと貧しい家庭に育った彼は、世界でもトップクラスのサッカー選手に上り詰め、一躍サクセスストーリーの主となった。彼は、スウェーデンのみならず、ルーツを持つボスニアにおいても大人気である。この他、今売出し中のスペインの若手フォワード、ボヤン（ボージャンとも）・クルキッチ（Bojan Krkić）は、父親がセルビア出身である。また、ベルギーの若手アドナン・ヤヌザイ（Adnan Januzaj）は、コソヴォからのアルバニア系移民の両親を持つ。ユーゴスラヴィア移民にルーツを持つサッカー選手は、南半球の移民大国オーストラリアにも多く、マーク・ヴィドゥカ（Mark Viduka）などが知られている。この他、ドイツに渡ったクロアチア系移民の2世にあたるロベルト・コヴァチ（Robert Kovač）、ニコ・コヴァチ（Niko Kovač）の兄弟などにみられるように、両親の母国クロアチアの代表選手となる道を選んだ者もいた。2014年のブラジル・ワールドカップには、旧ユーゴスラヴィアからもクロアチアとボスニア・ヘルツェゴヴィナが出場を果たした。その登録メンバーを見てみると、この両国以外に

コソヴォにルーツを持つベルギーのサッカー選手、アドナン・ヤヌザイ
http://commons.wikimedia.org/wiki/File:Adnan_Januzaj_%28cropped%29.JPG（CC BY-SA 3.0）

NBAでバスケットボール監督として大きな実績を残しているグレッグ・ポポヴィチ
http://commons.wikimedia.org/wiki/File:Popovich_cross_armed_-_Cropped-2.jpg（CC BY-SA 3.0）

もユーゴスラヴィアの出身だったり、ルーツを持つ選手がいる。例えば、スイス代表には8人、オーストラリア代表には6人のユーゴ系選手がいた。スイス代表に加わっているのは、コソヴォやマケドニア出身のアルバニア系が多く、オーストラリアはクロアチア系移民の子孫が多いなど、そのあり方もさまざまである。

また、ボスニア代表は全員がユーゴ系だが、クロアチアの代表チームには、二人のブラジル出身の帰化選手が加わっていた。バスケットボールの旧ユーゴ各国代表にも、アメリカ出身選手が複数いる。今までは、移民選手の輩出元であったのが、受け入れる傾向も強まっているのも興味深い。

北米に目を向けても、ユーゴスラヴィア地域出身の移民家庭の出身者がメジャー・スポーツに広くみられる。ユーゴスラヴィア地域でも人気スポーツであるバスケットボールに目を向ければ、NBAのヘッドコーチとして華やかな実績を残しているグレッグ・ポポヴィチ（Gregg Popovich）はセルビア系である。他にも野球の大リーグで活躍する選手も数多い。中には、1980年代に西武に在籍したジョージ・ヴコヴィチ（George Vukovich）のように助っ人として日本にやって来た者もいた。カナダにも移民は多いが、カナダのナンバーワン・スポーツ、アイスホッケーにも選手を輩出してきた。プロリーグNHLで長くプレーし、カナダ代表選手でもあったジョー・サキック（Joe Sakic）（本来は「シャキッチ」）はクロアチア系、エド・ジョヴァノフスキ（Ed Jovanovski）（本来は「ヨヴァノフスキ」）はマケドニア系である。またセルビア系のミラン・ルチッチ（Milan Lučić）もいる。ただし、こうした選手の多くは、もはや言葉もアイデンティティも失ってしまっていることが多く、ただ名字にルーツの痕跡をとどめているだけのことが多い。（山崎信一）

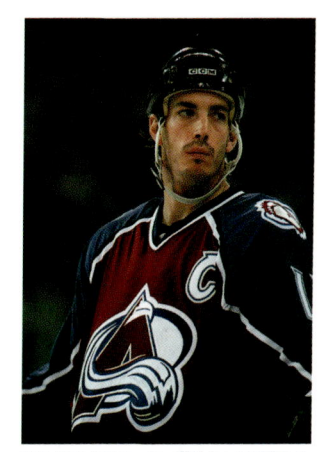

NHLのアイスホッケー選手として活躍したジョー・サキック
http://commons.wikimedia.org/wiki/File:Joe_sakic.jpg（CC BY-SA 3.0）

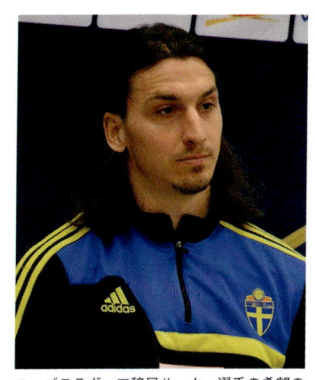

ユーゴスラヴィア移民サッカー選手の希望の星——ズラタン・イブラヒモヴィチ
http://commons.wikimedia.org/wiki/File:Zlatan_Ibrahimovi%C4%87-6.jpg（CC BY-SA 3.0）

あとがき

「ユーゴスラヴィアの歴史を勉強し始めたのはなぜ？」

　いわゆる「マイナーな地域」に関心を寄せる者は、日本にいても現地に行ってもこの手の質問に幾度となく出くわす。ユーゴスラヴィアももちろん「マイナーな地域」の例外ではない。私の場合、1990年代の紛争が研究を志した契機であったので、ユーゴスラヴィアの人びとからこの質問をされるたびに、「残念だけど……」と付言してから答えるのが常であった。

　セルビアで言葉を学んだ私は、クロアチアやボスニアで話をするときにはずいぶんと気を使ったものだった。実際に、私がベオグラードに滞在していた2001年から2003年当時、なお紛争の傷跡が残るクロアチアやボスニアで、セルビア・クロアチア語の東部方言（＝セルビア語）を使うのは、依然として多少の緊張を伴う行為だった。

　ところがその数年後、クロアチアである書店に入った時のことだった。書店の女性に「Dobar dan!（こんにちは）」と声をかけると、「クロアチア語を話すのね！」と言う。まだ挨拶しただけなのにと思っていると、続けて「どこでクロアチア語を勉強したの？」と尋ねられる。例によって「いや、ベオグラードで勉強したので、私が話すのはセルビア語なんですよ」と、いくぶん卑屈に応じたところ、彼女はこう言った。

「あらそう。でも同じ言葉よね。」

　彼女はこちらが拍子抜けするほど、極めて自然にこう言った。これは個人的には衝撃的な体験だった。ともすると紛争や対立に覆い隠されてしまっていた、この地域の社会で積み重ねられてきた人びとのつながりを感じさせられた体験でもあり、また、気を使うような素振りで、この地域をどこか遠巻きに眺めているような自分に気づかされる体験でもあった。

　その後も幾度か同じような経験をした。もちろんこれは、私の個人的なエピソードに過ぎず、依然として紛争の傷を抱えている人々もたくさんいる。しかし一方で、時がたち、新しい時代が着実に訪れているのだ。そして、戦争という側面からこの地域を見るだけではなく、もっと深くユーゴスラヴィアの人びとの世界観や心性に迫りたいと思うようになった。

　それからまた数年たち、長年の「同志」である鈴木健太氏に誘われ、本書の執筆に携わる機会に恵まれた。そして、執筆のための調査を通じて、ユーゴスラヴィアの人びとの生活に、これまでにないほど多面的に触れることができた（それでもほんの一部分ではあるが）。本書を手にしたみなさんが、往時の人びとの息遣いを少しでも感じることができたとすれば、その復元に携わったものとしてこれに勝る喜びはない。

本書の完成までにはさまざまな人の助力があった。リュブリャナのタニャ・ペトロヴィチ（Tanja Petrović）、ノヴィ・サドのミラン・アイジャノヴィチ（Milan Ajdžanović）をはじめとする、ユーゴスラヴィア生まれの友人たちの助けなしには、本書は生まれなかった。改めて「Hvala puno!（フヴァーラ プーノ）（どうもありがとう）」

　恩師も含めた国内外の東欧研究の先達、研究者仲間にもお礼を述べたい。皆さんの研究蓄積と先導がなければ、私がここにたどり着くことは決してなかった。その情熱と視点に私は常に感化され続けている。

　そして、社会評論社の濱崎誉史朗氏なくしては、本書が日の目を見ることはなかっただろう。氏はその圧倒的な共産趣味に対する情熱と編集能力でわれわれを引っ張り、今は存在しない国家の声なき声を現代によみがえらせた。これはまさしくイタコだ。私の方の事情でなかなかお目にかかれない不義理をしているが、ここに厚く御礼申し上げる。

　最後に、私事ながら家族にお礼を言わせてほしい。特にこの間、不自由を強いている妻と娘の二人に。あなたたちが与えてくれる元気と勇気は計り知れない。いつも本当にありがとう。

　ユーゴスラヴィアの、雑多であるがゆえの彩りの鮮やかさ、複雑であるがゆえの奥行きの深さに、私もようやく気付き始めた。第３巻でも、どうかその一端を味わってほしい。

2014年11月　著者を代表して
百瀬亮司

★ 社会主義ユーゴスラヴィア関連略年表

年号	月/日	事項
1941	4/6	ドイツ軍、ユーゴスラヴィア王国へ侵攻。
	4/17	ユーゴスラヴィア王国降伏。その後、枢軸国の分割占領へ。
1942	11/26～27	ビハチにて、第1回ユーゴスラヴィア人民解放反ファシスト会議。
1943	5/28	英軍使節団がパルティザン最高司令部に到着。夏には、F・マクリーン卿がボスニアに降下。
	11/29	ヤイツェにて、第2回ユーゴスラヴィア人民解放反ファシスト会議。臨時政府樹立。
1945	3/7	ティトーを首班とする連合政権成立。
	4/11	ティトーの訪ソ。ソ連との相互援助条約締結。
	11/29	王制廃止。ユーゴスラヴィア連邦人民共和国の建国を宣言。
1946	1/31	ソ連の1936年憲法を模倣した新憲法の採択(「1946年憲法」)。
	6/10	チェトニク指導者ミハイロヴィチに対する裁判開始(7月15日、処刑)。
	12/5	「私企業の国有化に関する法」施行。
1947	4/28	第一次五カ年計画の採択。
	11/9	国有化の撤廃。
1948	6/28	コミンフォルム、ユーゴスラヴィア共産党を除名。
	7/21～28	ユーゴスラヴィア共産党(KPJ)第5回大会、全党の団結を確認。
	12	米・英と経済協定締結。
1949	9/29	ソ連、ユーゴとの相互援助条約を破棄(他のソ連諸国も続く)。
	12	労働者評議会の設立。
1950	6/27	労働者自主管理制度の法制化(「労働者自主管理法」)。
1952	11/2	KPJ第6回大会、党名をユーゴスラヴィア共産主義者同盟(SKJ)に改称。
1953	1/13	憲法を大幅に改正(「1953年憲法」)。翌14日、ティトーを大統領に選出。
	6/14	ソ連との国交正常化に合意。
1954	1/17	M・ジラス、連邦議会議長の職から解任される。
	10/5	ロンドンにて、イタリアとトリエステに関する協定締結。
1955	5/26	フルシチョフ、ブルガーニンらソ連の共産党・政府首脳の来訪(～6/2)。
1956	7/18	ティトー、ネルー、ナセルの三者が、ブリオニなどで会談。
	9/27	ティトーのソ連訪問、ハンガリーの事態を検討。
	11/19	ジラスの逮捕、裁判を経て禁固刑に。
1957	1/1	第二次五カ年計画を施行。
1961	1/1	第三次五カ年計画を施行。
	9/1	ベオグラードにて第1回非同盟諸国首脳会議開催(～9/6)。
1963	4/7	新憲法採択(「1963年憲法」)、国名をユーゴスラヴィア社会主義連邦共和国に改称、大幅な機構改革導入。
	7/26	スコピエの地震。
	9/3	コメコンへのオブザーバー派遣を発表。
1964	12/7	SKJ第8回大会、大胆な経済改革案を検討(～12/13)。
1965	7	大規模な経済改革を実施。
1966	7/1	A・ランコヴィチ、SKJ中央委員から解任。
1968	4/8	ティトー、日本を訪問(～4/15)。
	6/2	ベオグラードで学生と警察が衝突、その後1週間の学生スト。
	11/27	コソヴォのアルバニア人による権利要求デモ。
1969	2/11	連邦議会、全人民防衛を導入した新国防法採択。
1970	8/14	ヴァチカンと18年ぶりの国交回復に合意。
	12/29	連邦議会、憲法修正案採択。
1971	7/29	22名の連邦幹部会員からなる新たな集団指導体制発足。
	11/22	クロアチアで学生スト。この時期、民族主義を伴った政治運動が共和国内で拡大(「クロアチアの春」)。
1972	9/18	ティトーが全党員への書簡で断固たる粛正を呼びかけ。
1974	1/31	新憲法採択(「1974年憲法」)、連邦機関の改組と労働者自主管理制度の徹底をはかる。
	5/16	連邦議会、ティトーを終身大統領に選出。
1976	11/25	連合労働法の成立。
1977	8-9	ティトー、北朝鮮および中国を訪問。
1979	2/10	E・カルデリ死去。

1980	5/4	ティトー大統領死去、「集団大統領制」の発足。
1981	3/4	コソヴォでアルバニア人の大規模デモ発生（4/2にはコソヴォに非常事態宣言発令）。
1982	6/26	SKJ第12回大会（～6/29）、自主管理の徹底による経済不振への対処を決定。
	10/14	連邦政府、経済危機克服の緊急措置を発表。
1983	6	連邦幹部会の諮問により、「長期経済安定化プログラム」成立。
1984	2/8	サラエヴォで第14回冬季オリンピック開催（～2/19）。
1987	3/20	賃金・物価凍結令の公布、その後各地でストライキの頻発。
	8/11	アグロコメルツ社の不正経理が発覚し、以後、一大スキャンダルに発展。
	11/14	賃金・物価再凍結の発表。
1988	5	連邦政府の諮問により、「経済制度改革基本綱領」成立。
	5/30	リュブリャナで、雑誌編集者など4名が軍事機密漏洩の罪で逮捕。
	――その後、事件の裁判をめぐって「人権擁護委員会」を中心にした抗議集会が拡大		
	7/9	ノヴィ・サドで、コソヴォのセルビア人とモンテネグロ人との連帯を訴える集会。
	――その後、夏から冬にかけて、ヴォイヴォディナ、セルビア、モンテネグロの各地で同様の集会が頻発し、大規模な運動へ拡大「反官僚主義革命」。		
	10/5～6	ノヴィ・サドの大集会、ヴォイヴォディナの自治州党指導部が総辞職。
	11/17	コソヴォ自治州党幹部会議長および幹部会員の辞任、アルバニア系住民の抗議デモ。
	11/25	1974年憲法の修正条項可決、連邦の権限が強化される。
1989	1/10～11	ティトーグラードの大規模デモ、モンテネグロの党指導部が総辞職（1/12）。
	2/16	スロヴェニア社会民主同盟創設。複数政党制への第一歩。
	2/20	コソヴォのトレプチャ鉱山で労働者のスト発生。
	3/28	セルビア共和国憲法の修正条項の採択、自治州の権限を縮小。
	9/27	スロヴェニア共和国憲法の修正案の可決、連邦からの離脱権を明記。
	11/29	集会実施および経済関係により、スロヴェニアとセルビアの関係がさらに悪化。
	12/26	SKJ中央委員会総会、一党体制放棄の方針決定。
1990	1/20	SKJ第14回臨時大会（～1/23）、スロヴェニアとクロアチアの代表の退場で無期延期。事実上、SKJは解体。
	4/8	スロヴェニアで自由選挙実施、野党連合勝利。
	――これ以降、各共和国で自由選挙実施。クロアチアでは（4/22）クロアチア民主同盟が、ボスニア・ヘルツェゴヴィナとマケドニアでは（どちらも11/11）民族政党が、セルビアとモンテネグロでは（同じく12/9）旧共産党の後継政党が、それぞれ勝利。		
	12/23	スロヴェニアで国民投票、有権者総数の88%が独立に賛成。
1991	3/28	スプリットで第1回共和国首脳会議、連邦の将来像を討議（その後、6/6の第6回まで開催）。
	5/19	クロアチアで国民投票、有権者総数の78%が独立に賛成（「クライナ自治区」はボイコット）。
	6/25	スロヴェニアおよびクロアチアの共和国議会、独立宣言を採択。
	6/26	国境管理をめぐり、スロヴェニア領土防衛隊とユーゴ人民軍が衝突（「10日間戦争」）
	――この時期以降、クロアチアにおける戦闘の本格化		
	9/8	マケドニアで国民投票、有権者総数の68%が、主権国家連合内でのマケドニアの自立国家を支持。
	10/15	ボスニア・ヘルツェゴヴィナの共和国議会、セルビア人議員の退場するなか、「独立確認文書」を採択。
	11/20	マケドニアの共和国議会、独立宣言を採択。
1992	1/15	ECがスロヴェニアとクロアチアの独立を承認。ユーゴスラヴィアの実質的解体。
	2/29～3/1	ボスニア・ヘルツェゴヴィナで国民投票、有権者総数の62%が独立に賛成（セルビア人はボイコット）。
	4/6	ECがボスニア・ヘルツェゴヴィナの独立を承認。
	――その後、ボスニア・ヘルツェゴヴィナにおける戦闘の本格化		
	4/27	セルビアとモンテネグロ、ユーゴスラヴィア連邦共和国の創設を宣言。
1995	11/21	オハイオ州デイトンにてユーゴ連邦共和国（セルビア）、クロアチア、ボスニア・ヘルツェゴヴィナの3か国首脳が和平案に仮調印（「デイトン合意」、正式調印は12/14のパリ）。
2003	2/4	ユーゴスラヴィア連邦共和国、国家連合へ改変、国名はセルビア・モンテネグロに。
2006	6/3	モンテネグロ共和国議会、5/21の国民投票（独立賛成55.5%）に基づき、独立を宣言。
	6/5	セルビア共和国議会、セルビア・モンテネグロを継承する単一国家となる決定を採択。
2008	2/17	国連暫定統治下のコソヴォ議会、セルビアからの独立宣言を採択。

自主管理社会趣味 Vol2

アイラブユーゴ 2

ユーゴスラヴィア・ノスタルジー男の子編

2014 年 11 月 29 日初版第 1 刷発行

百瀬亮司・亀田真澄・山崎信一・鈴木健太

百瀬亮司（ももせ・りょうじ）iloveyugo.mr@gmail.com
1975 年長野県松本市近郊に生まれる。京都大学文学部（現代史学）、東京大学大学院総合文化研究科（地域文化研究）修士課程を経て、同博士課程単位取得満期退学。現在、跡見学園女子大学兼任講師ほか。ユーゴスラヴィア紛争を契機に当地に関心を持ち始める。空爆後のベオグラードに 2001 年〜 2003 年留学。研究分野は、欧州近現代史、東欧史学史、バルカン地域研究。旧ユーゴスラヴィアにおける人びとの対立・和解と、歴史認識の関係に特に関心を持つ。編著書『旧ユーゴ研究の最前線』（渓水社、2012 年）、著書『セルビア語読解入門』（大阪大学出版会、2012 年）。

亀田真澄（かめだ・ますみ）Twitter ＠MasumiKameda
1981 年奈良県生まれ。東京大学文学部卒。同大学で修士課程（欧米系文化研究専攻）修了後、ザグレブ大学博士課程に 2 年間留学したのち、東京大学大学院人文社会系研究科博士課程修了。博士（文学）。現在、東京大学文学部助教。専門はロシア東欧におけるプロパガンダ表象。著書に、『国家建設のイコノグラフィー——ソ連とユーゴの五カ年計画プロパガンダ』（成文社、2014 年）。

山崎信一（やまざき・しんいち）iloveyugo.ys@gmail.com
1971 年長野県松本市生まれ。東京大学大学院総合文化研究科博士課程単位取得。少年時代に出会った坂口尚『石の花』に感化されユーゴスラヴィア研究を志し、1995 年〜 1997 年、紛争の時代のベオグラードに留学。現在、東京大学教養学部非常勤講師。ユーゴスラヴィアを中心とするバルカン地域の現代史を研究する傍ら、ユーゴスラヴィアとその継承諸国における大衆文化（特に大衆音楽）をまとめる作業も行っている。共著書に『映画『アンダーグラウンド』を観ましたか？—ユーゴスラヴィアの崩壊を考える』（彩流社、2004 年）。

鈴木健太（すずき・けんた）iloveyugo.sk@gmail.com
1980 年名古屋市生まれ。東京外国語大学外国語学部（スペイン語専攻）卒。だが、とあるサッカー選手に魅せられ、既に在学中からユーゴスラヴィアの歴史を学ぶ。そのまま東京大学大学院総合文化研究科修士課程および博士課程（単位取得退学）、また 2 年半のベオグラード留学を経て、旧ユーゴスラヴィア地域を中心に東欧・バルカンの現代史／地域研究を専門とするようになる。現在、日本学術振興会特別研究員 PD。研究の関心はとくにユーゴスラヴィアの解体における政治社会とナショナリズムの関係等。共著論集に『東欧地域研究の現在』（山川出版社、2012 年）ほか。

『アイラブユーゴ』代表メールアドレス　iloveyugo@gmail.com
『アイラブユーゴ』公式 Twitter　@ILOVEYUGO

著者	百瀬亮司・亀田真澄・山崎信一・鈴木健太
編集 ＆ 装幀	濱崎誉史朗
発行人	松田健二
発行所	株式会社 社会評論社
	東京都文京区本郷 2-3-10
	Tel 03-3814-3861　Fax 03-3818-2808
	http://www.shahyo.com
印刷 ＆ 製本	倉敷印刷株式会社